SHUANGXUNHUAN XINFAZHAN GEJUXIA
ZHONGGUO NONGCHANPIN GONGYINGLIAN
GAOZHILIANG FAZHANYANJIU

# 双循环新发展格局下
# 中国农产品供应链高质量发展研究

魏 玮 崔 琦 ◎著

经济管理出版社
ECONOMY & MANAGEMENT PUBLISHING HOUSE

**图书在版编目（CIP）数据**

双循环新发展格局下中国农产品供应链高质量发展研究／魏玮，崔琦著 . —北京：经济管理出版社，2021.6

ISBN 978-7-5096-7894-7

Ⅰ . ①双… Ⅱ . ①魏… ②崔… Ⅲ . ①农产品—供应链管理—研究—中国

Ⅳ . ①F724.72

中国版本图书馆 CIP 数据核字（2021）第 140024 号

组稿编辑：丁慧敏

责任编辑：丁慧敏　张广花　丁光尧

责任印制：黄章平

责任校对：董杉珊

出版发行：经济管理出版社

　　　　　（北京市海淀区北蜂窝 8 号中雅大厦 A 座 11 层　　100038）

网　　址：www. E-mp. com. cn

电　　话：(010) 51915602

印　　刷：唐山玺诚印务有限公司

经　　销：新华书店

开　　本：720mm×1000mm/16

印　　张：12.75

字　　数：183 千字

版　　次：2021 年 6 月第 1 版　　2021 年 6 月第 1 次印刷

书　　号：ISBN 978-7-5096-7894-7

定　　价：68.00 元

# 目 录

第一章

引 言

# 第一节　研究问题的提出

## 一、研究背景

构建国内国际双循环相互促进的新发展格局，是中央基于国内发展形势、国际发展大势作出的重大科学判断和重要战略选择。双循环发展格局调整的本质是基于国际国内矛盾和中国发展现实做出的长期战略选择。国内循环和国际循环两者相互影响、相互交融、相互促进、相得益彰。我国经济的基本面和对外开放格局较好，而且长期发展向好的趋势没有变，具有双循环新发展格局形成的基础条件。

1. 我国经济社会矛盾变化是推进双循环新发展格局的内在原因

改革开放以来，中国经济取得举世瞩目的成就，然而经济、社会的非均衡、不充分发展造成的问题也日益凸显。党的十九大提出，我国社会主要矛盾已经转化为人民日益增长的美好生活需要和不平衡不充分的发展之间的矛盾，强调经济从高速增长向高质量发展转变，并指出中国的发展进入新的历史方位，即中国特色社会主义进入了新时代。改革开放以来，我国经济社会等各方面都取得了惊人的成就，但是高增长的同时也带来了高消耗、高污染和高杠杆等问题。近年来，供给侧结构性改革取得阶段性成果，"去产能、去库存、去杠杆"有重大进展，但成本问题和短板问题依然是摆在眼前的长期问题，推进结构性改革，发挥市场机制形成可持续发展格局的重要性日益凸显，也将成为供给侧结构性改革的重点。

中国对外开放也进入了"瓶颈期"。在全球化过程中，国与国之间的竞争与合作并存，只有做好自己的事，提升本国价值，才能在全球化中获得更大的合作空间，而这正需要畅通国内大循环，进而形成国内国际双循环相互促进的新发展格局。

2. 全球经济失衡长期积累是推进双循环新发展格局的外在动因

经济形势复杂严峻，不稳定性、不确定性较大。第二次世界大战后，确立了以美元为国际货币的布雷顿森林体系。随后，以美国贸易逆差为特征的全球失衡越演越烈，长期失衡在经济体之间、经济主体之间不断积累，全球失衡在存量上正接近其可能上限，各国在寻求再平衡过程中给世界经济增加了诸多不确定性。

全球失衡加剧全球财富不平等，发达国家处在全球价值链顶端位置攫取多数利润，发展中国家承受污染等环境问题但仅获得较低收益。全球前10%的人群已占有全球一半以上的财富，且不平等还在扩大（周建军，2020）。全球收入差距的扩大又进一步抑制了全球总需求，进一步导致中国经济的外需疲软。对外开放边际收益减弱导致原有对外开放红利减退，面临个别国家的贸易保护，中国需要新的开放思路。

在全球化受阻、国内改革红利相对提升的情况下，反思结构性问题，促使国内改革加速更具现实性。2020年7月21日，习近平在北京主持召开企业家座谈会时强调，在当前保护主义上升、世界经济低迷、全球市场萎缩的外部环境下，我们必须集中力量办好自己的事，充分发挥国内超大规模市场优势，逐步形成以国内大循环为主、国内国际双循环相互促进的新发展格局，提升产业链供应链现代化水平，大力推动科技创新，加快关键核心技术攻关，打造未来发展新优势。推进全方位对外开放，中国需要牢牢把握开放的主动权，实现渐进稳步推进。只有畅通国内大循环，提升中国经济在全球经济中的质量和吸引力，才能够把握主动性，更好融入国际市场，利用两个市场两种资源，实现国内经济的长期可持续高质量发展，以新全球化推动全球经济再平衡。

3. 良好的国内经济基本面是推进双循环新发展格局的基础保障

经过70多年的工业化进程，我国已经基本完成工业化。当前，我国具有世界上最完整的现代化工业体系，而且是世界上唯一拥有联合国产业分类中全部工业门类的国家，具有国内大循环的基本前提。截至 2018 年，中国工业增加值占全球份额达 28% 以上，在 500 多种主要工业产品中，有 220 多种工业产品产量居全球首位①。

我国供给侧结构性改革带动中国内部结构性矛盾缓解，经济韧性增强。而且，我国近年来加大科技创新力度，创新能力逐年攀升，2020 年中国国际专利申请数量约为 6.8 万件，同比增长 16.1%，连续两年居世界榜首。在全球价值链中稳步攀升，对外依赖性逐步减弱。中国对外开放格局保持良好态势，自贸区（港）建设、"一带一路"倡议、人民币国际化和区域经济一体化稳步推进，国际大循环开局持续向好。

## 二、双循环新发展格局对农产品供应链的研究意义

1. 双循环新发展格局对供应链体系建设提出了新要求

新发展格局下的供应链建设不仅能实现产品的转移流通，而且是构建顺畅的现代物流体系，依托现代互联网技术与科技手段实现商流、信息流、资本流、知识流等要素资源低成本、高效率、高价值的互联互通。现代物流体系实现数字化、智能化、绿色化、可视化发展，进一步维护我国产业链、供应链、服务链、价值链的稳定，成为支撑我国超大规模市场与国内国际双循环的重要保障。

在双循环新发展格局下对供应链建设提出了新要求：第一，加强高水平基础设施建设，提升流通能力。随着国内市场需求被充分激活，需要建设能够适应更大国内市场流通的基础设施，提升流通能力，满足"国内大循环为主体"的要求。第二，以供应链创新为抓手，加快上下游协调互动、资源整合与协同创新，实现产业链供应链高效对接和整合，实现从生产到消费有效衔接的国内大循环。第三，不断提高国内市场的国际化水平。建立面向国际市场的流通新标准、新规则，改造和提升适应国际需求的国内

---

① 工信部：我国工业实现了历史性跨越 [EB/OL]. (2019-12-23). https://www.sohu.com/a/342753128_99913579.

流通基础设施、流通运营与服务体系、流通治理体系，实现国内市场与国际市场在国内的统一，确保中国在全球流通体系中的话语权。

2. 农产品供应链体系建设是畅通国内大循环的重要组成部分

农业是国民经济的基础，但是我国农业的基础地位比较脆弱，农业发展相对滞后，相较于其他行业，农业仍然是制约国民经济发展的薄弱环节。农产品流通一端连接农产品生产，一端连接农产品消费，涵盖农产品收购、加工、仓储、运输、批发零售等一系列环节，农产品供应链是实现农产品从生产到销售的过程，也是实现农产品商品化价值的重要方式。相比工业品的供应链体系，农产品供应链体系依旧比较落后。在双循环新发展格局下，农产品供应链更需要把握发展机遇，加强基础设施建设，奠定供应链发展的物质基础，不断探索新业态、新模式，助推实现供应链链条整合与协同发展；应用互联网、5G、大数据、区块链等信息技术，提升农产品供应链的数字化水平，利用信息化手段提升供应链管理质量与效率，实现行业发展新突破。

3. 以畅通国内大循环为主体，发挥流通产业的基础性、先导性作用

双循环发展格局下国内大循环是主体，畅通国内大循环是中长期的工作重心。要实现内需体系完善与创新发展，必须消除生产、分配、流通、消费各个环节存在的扭曲和梗阻问题，加强供应链体系建设，实现产业升级和消费升级的相互促进。

实现供应链管理高质量发展需要流通行业发挥基础性与先导性作用。在经济发展的不同阶段，供应链体系的功能和作用并不一致。在相当长时期内，尤其是生产能力不足以及资本、技术严重短缺的情况下，供应链管理不单单是生产过程，更是流通过程、销售过程等完整产品产供销的各个环节的总和。在相当长一段时间里，我国重生产轻流通，产后流通及销售环节在国民经济循环和发展过程中的地位并不突出，在国家决策层面上很难上升到战略高度。当一个国家或地区的生产能力远远超过其流通能力，不仅导致经济循环过程效能降低，而且随时可能发生局部中断或出现严重

波动、不稳定问题时，通过流通体系的构建全面提升流通能力，补大、做强流通短板就必然上升到国家战略高度。

4. 国内国际双循环相互促进，主动扩大高水平对外开放

在双循环新发展格局中，形成国内国际双循环相互促进局面，就要把握对外开放主动权。推动更高水平的"引进来"和"走出去"，其关键在于提高中国经济的实力和吸引力。从需求方面看，就是以国内大循环为主体，释放国内经济与消费潜力，做大经济"蛋糕"，不断完善内需体系，提高中国经济的吸引力，以更高水平融入世界经济；同时，开拓国际市场，带动中国资本和产品"走出去"。从供给方面看，就是以国内大循环为主体，深化供给侧结构性改革，使中国经济增长成为全球经济复苏的重要引擎；同时，通过国际大循环引进更多先进技术，为国内大循环提供动力，提高中国产品的国际竞争力。

中国需要转变开放方式，更好地掌握对外开放主动权。一方面，基于内循环的畅通，未来将更具长期增长动力，直接推动中国各层次国际化水平的提升。另一方面，通过畅通国内大循环，可以降低对外依赖，具有更强的经济韧性应对外部冲击，为国际大循环提供稳定"锚"，掌握对外开放主动权，推动形成全球治理新格局。

## 三、双循环新发展格局下农产品供应链存在的主要问题

分散的"小农户"与国内"大市场"缺乏有效衔接。小农户在农产品供应链中处于不利地位。当前和今后很长一段时期，小农户家庭经营将是我国农业的主要经营方式。家庭联产承包责任制的改革，虽然推进了中国农业生产力的飞跃性发展，但是也留下了耕地细碎化、地权分散化等后遗症（何秀荣，2009）。2012 年中国平均每户农村家庭经营的耕地面积为2.34 亩，狭小的农业经营规模导致农户参与农产品市场交易时一直处于弱势，需要付出高昂的交易成本，且难以在农产品价值链分工中获得利益（李谷成、李崇光，2012）。分散的小农生产经营方式使农产品在产地的交

易方式以对手交易为主，造成农户缺乏对农产品价格的决定权，农户靠经营农业实现持续增收陷入困境（陈锡文，2006）。

农产品的自然特征加剧了农户分散市场风险的难度。农产品，特别是生鲜农产品，具有易腐性、季节性、生产区域性、产量不稳定等特点，市场价格容易受到气候等自然因素影响，极易出现波动。由于中国农产品市场调节机制还不健全，价格调节具有严重的滞后性，分散的小农户容易受当期价格信息误导，盲目地制订下一期的生产计划，加剧了农产品市场价格的周期性、大幅度波动（Hong I. H. et al.，2014）。随着中国农产品市场逐步开放，外部冲击对农产品价格波动产生的影响越来越大，不确定因素增多，农产品价格波动的复杂性增强，小农户面临的市场风险增大（张利庠、张喜才，2011）。由于农产品价格频繁异常波动而造成的农民"卖菜难"现象屡见不鲜，这直接造成了农户预期收入不稳定（安玉发，2013）。

流通成本高、流通环节多仍是限制我国农产品供应链发展的重要因素。流通成本居高不下成为推动农产品价格持续上涨的重要因素，阻碍居民消费。进入 21 世纪以来，农产品价格整体呈加速上涨趋势。特别是生鲜果蔬类农产品价格总体上有较大幅度的上涨，国家统计局数据显示，鲜菜的消费价格比去年上涨 18.7%，水果上涨 15.6%。流通成本在果蔬类农产品消费价格中占的比重最大，据农业农村部信息中心年统计资料计算，在蔬菜产品零售价格中，蔬菜产地到批发市场的流通成本占 36%，市内流通成本占 33%，流通成本总共占到的比重为 69%。中国农产品流通过程中环节过多，流通成本较高，特别是在"最后一公里"农产品价格飙升，导致市民"买菜贵"。

消费者对于食品安全愈发重视，但健全的监管机制尚未建立。过去一段时间的食品安全事件，引发消费者与政府对中国食品安全问题的高度关注。这些事件导致消费者对中国农产品质量和安全性的信任缺失，同时，唤醒了消费者对食品安全的风险意识（王二朋、周应恒，2011）。随着信息技术的快速发展，消费者获取信息的方式更加快速多元，消费者对食品安全的信任缺失给中国农业带来了隐患。2008 年一则"柑橘大实蝇危害人体"

的谣言迅速传遍全国，一度造成消费者恐慌，导致柑橘大范围流通和销售受阻，给四川、湖北等主产区的柑橘产业造成了巨大损失。2011年海南的香蕉产业受到重创，广大蕉农损失惨重。类似事件时有发生，一方面看到消费者对于食品安全意识不断提高，另一方面对农产品供应链提出了更高的要求，应研究如何保证信息的正确有效传播，使信息传递发挥正向积极作用，避免不必要的生产损失。

中国是目前全球最大的农产品进口国，需要充分利用国内国际两个市场。2018年开始中国成为全球最大的农产品进口国，超过了欧盟和美国。农产品进口的结构也在发生快速变化，曾经大豆、玉米等大宗商品进口占主导地位，目前价值较高、消费者导向的农产品进口正在快速增长。随着人均收入水平的提高，中国人的饮食结构也在发生变化，越来越多地消费肉类、奶制品和加工食品，减少了粮食的消费量。中国生产了国内消费的绝大部分肉类，饮食结构的变化促使土地资源大部分用于饲料生产。然而，随着需求的快速增长，国内饲料供给仍然无法满足需求使大豆和其他饲料原料的进口快速增长。居民健康意识不断提升，对健康食品的需求不断增长，推动了水果和坚果的消费和进口，中国成为全球第三大新鲜水果进口国。在立足国内大循环的同时，必须协同推进国内市场与国际市场的有效衔接，用国内大循环吸引全球资源要素，充分利用国内国际两个市场两种资源，积极促进内需和外需、进口和出口。

# 第二节　研究思路与研究方法

## 一、研究目标与研究框架

农业供应链管理是发展现代农业的关键环节，近几年，随着农业产业化的发展，农产品生产规模与结构不断优化，随之而来的是农产品供应链的短板日益暴露，难以适应当前经济发展的实际需要，难以满足消费者对高效、优质农产品的需求。尤其是当前贸易冲突摩擦不断等因素加剧了对农产品供应链的冲击，要想在双循环新发展格局下，通过不断优化国内市场的大循环，推动农产品供应链的高质量发展，实现国内国际双循环相互促进的新发展格局，就必须提升国际循环质量和水平，巩固我国参与国际循环的优势，提升新形势下国际外部循环的质量和水平。

基于上述研究目标与研究问题，本书的主要内容如下：

第一章，引言。介绍本书的研究背景，世界正面临百年未有之大变局，全球贸易增速放缓、贸易保护主义抬头等因素加剧了我国经济与社会发展面临的困难。习近平指出，面向未来，我们要逐步形成以国内大循环为主体、国内国际双循环相互促进的新发展格局，为当前国家经济发展指明了方向。农业是国民经济的基础，加快推进农业现代化、提升农产品供应链发展质量是双循环新发展格局下的要求。结合这一背景，本章主要论述了在双循环新发展格局下农产品供应链的研究意义及存在的主要问题。在此基础上提出本书的主要研究目标，基于研究目标确定主要研究方法，并简要论述本书的主要框架结构。

第二章，理论基础与文献综述。本章对本书中的主要概念进行了界定，同时进一步明确本书的主要研究范围。基于主要研究内容，对使用的相关理论进行梳理，进一步总结与本书相关的有代表性的研究成果。

第三章，农产品供应链的发展演变。本章从历史观的角度，对中国农产品供应链的发展演变历程进行整理归纳，提炼不同阶段中国农产品供应链的基本发展特征，进一步提出影响农产品供应链发展演变的主要因素。

第四章，中国农产品市场发展现状。农产品供应链是包含农产品从产地到消费者的整个供给链条中产—供—销等的全部过程，本章从农产品供给与需求角度分析农产品市场的发展现状，提出未来农产品供需发展趋势，并在此基础上，提出我国农产品供应链的发展特征与趋势。

第五章，双循环背景下农产品国内大循环发展格局。建立国内国际双循环发展格局必须以国内大循环为主体，本章重点介绍我国农产品国内大循环发展格局的基本情况。

第六章，双循环背景下中国农产品进出口特征和变化趋势。本章主要围绕双循环背景下农产品进出口的新特征与未来变化趋势进行阐述。重点分析了中国农产品进出口表现的新特征；我国已经成为最大的农产品进口国，未来农产品进口来源可能存在的变化。基于以上研究，分析未来我国农产品进出口的变化趋势。

第七章，双循环背景下中国农业对外投资的特征与发展趋势。农业对外投资是国家"走出去"的一部分，双循环背景下的农业对外投资不仅是农产品贸易的延伸，还能提升中国配置世界农业资源的能力。本章首先介绍中国海外投资的概况，按照海外投资的主要商品类型、主要区域及参与企业等内容进一步详细介绍中国农业对外投资的发展情况。

第八章，供应链高质量发展：农产品批发市场的公益性探索。农产品批发市场是我国农产品供应链的关键环节，在满足城乡农产品消费需求方面发挥了重要的作用。本章是针对农产品批发市场公益性展开的研究讨论，分析了我国现有农产品市场体系建设下主要的公益性职能及具体实现形式。

第九章，供应链高质量发展：农产品批发市场的转型升级。业态落后、卫生环境恶劣是农产品批发市场的"标签"，随着政策与市场环境的驱动，农产品批发市场的不断改造升级，数字化、信息化工具的使用与普及，以及电子商务的快速发展对农产品批发市场份额的稀释，农产品批发市场的数字化转型升级显得尤为迫切。本章在此背景下展开对农产品批发市场转型升级的研究与分析，总结了适合中国农产品批发市场转型升级的模式。

第十章，农产品质量安全保障创新发展。消费者食品安全意识的提升进一步促进了农产品质量安全管理建设的发展。本章从生产端与监管体系两个方面介绍了农产品质量安全体系的建设。

第十一章，农产品供应链体系中科技创新与应用。信息技术的快速发展为农业发展提供了诸多可能性，渗透到了农产品供应链中的每个环节。

本章重点介绍在信息技术快速更迭的背景下，农产品供应链管理中使用的新技术及其创新与应用。

第十二章，对策与建议。本章对每一章的研究结论进行提炼与概括，并提出了相应的政策建议，以实现农产品供应链在双循环发展格局下的高质量发展，并提出未来的研究方向。

## 二、研究方法

### 1. 文献研究法

文献研究法是最为经典且富有生命力的研究方法。在搜集有关文献资料的基础上，经过归纳整理、分析鉴别，对一定时期内某个学科或专题的研究成果和进展进行系统、全面的叙述和评论。本书通过以往文献的搜集、鉴别、归纳与总结提出本书的研究问题、理论基础、研究内容、相关假设、研究框架与思路。通过整理归纳可以围绕国内外的研究进展，深入分析目前的研究成果，提出自己的观点与研究问题。

### 2. 案例分析法

案例分析法，又称个案研究法。本书围绕主要农产品供应链高质量发展中发展现状、存在的问题及对策建议等角度，总结提炼在农产品供应链发展过程中对以上问题能够提供较为成熟的解决方案的典型案例，通过对一系列典型对象案例的分析，能够得出一般性、普遍性、规律性的方法与思路。通过对已有典型案例的总结与评述，提供解决本书研究领域发展问题的思路与视野。

### 3. 动态分析法

梳理农产品供应链发展演变趋势，将农产品供应链置于不断发展变化的历史进程中进行比较分析。结合每个历史时期的时代背景，分析归纳不同阶段农产品供应链模式、主体与发展特征，揭示农产品流通模式在经济体制作用下的发展趋势。以现有供应链经典理论与客观发展实际情况为标准，通过对史料的分析提炼，探究其不断改革发展的影响因素与必然性，为当前农产品供应链发展提供指导与借鉴。

4. 归纳演绎法

吸收和借鉴前人研究并结合本书的研究主题，对重点关注的概念与研究内容进行进一步的归纳。通过文献综述法对主要概念进行梳理，并结合主要研究问题与研究内容进行演绎，明确主要概念的定义与范围。运用归纳演绎法对涉及的重要理论以及国内外最新的相关研究进展进行归纳梳理。

5. 统计性描述分析法

基于统计年鉴数据、其他组织机构的开放数据及相关调研数据，运用图表、分类、图形等方式呈现描述分析数据特征与数据结构，用此研究方法还可以直观地呈现主要研究内容的特征与趋势，便于提炼研究结论，为主要结论的提出提供科学的、严谨的判断依据。

# 第二章

## 理论基础与文献综述

# 第一节　主要概念和研究范围界定

## 一、农产品

农产品是指在农业生产活动中直接获得的植物、动物及其他相关产品，这些产品未经过加工或经过少量加工，但是未改变产品性质或属性（陈军、但斌，2009；曹倩等，2015；施浩然，2015）。主要包括粮食、水果、蔬菜、食用菌、禽畜肉、鲜蛋、水产品等初级农产品，以及以此为原料的初加工农产品。

农业是人类衣食之源和生存之本，为其他部门提供食物、原料和市场，提供重要的生产要素。农业对保障国家粮食安全的重要性在相当长时期内不会减弱，农业提供食物安全的重要性将不断增强。农产品是农业生产的主要产物，不同于其他工业制成品，具有独特的自然属性。其包括以下特点：

（1）农产品具有易腐败、易耗损特点。生鲜农产品容易受到微生物、所处的环境温度及气候变化等外界环境因素的影响，从而具有易变质的特性（肖勇波等，2010；林梦楠，2015）。生鲜农产品从田间到餐桌都会经历采摘、包装和流通环节，人为的挤压、挑拣都会不同程度地造成农产品部分损伤，从而引起损耗；并且随着流通时间的延长，农产品都会出现新鲜度下降的现象，也会造成损耗，这种损耗既包括产品破损等实体损耗，也包括因此而造成的价值损耗（王磊，2014）。据统计，我国水果和蔬菜从采摘到销售环节的损失率高达 25%~30%，而发达国家的损失率低于 5%（施浩然，2015；彭东华等，2007）。

（2）农产品的生产具有地域性、季节性和周期性的特点。我国不同地区的地质资源和气候存在较大差异，各地农产品具有鲜明的地域特色，从而形成了我国丰富的农产品品类。我国自然地理环境差异直接影响农产品的价格，不同品种的生鲜农产品的生产季节不同，成熟和上市的时间不一样，导致旺季和淡季的价格差异较大（汪弓、陈杰，2017）。

（3）农产品产出与需求具有不确定性。由于生鲜农产品的生产周期一般较长，容易受到不利天气和病虫害等自然灾害的影响，导致生鲜农产品的产出具有较强的随机性（王道平等，2012；聂腾飞等，2017；黄建辉等，2018）。据统计，2012~2018年全国每年自然灾害导致的受灾面积都不低于25400.00千公顷，自然灾害导致的绝收面积都不低于2939.45千公顷[①]。生鲜农产品的品种较多，不同品种的生鲜农产品之间存在一定的替代性。例如，青椒和红椒之间具有替代性，即使为同一品种；同为青椒，高质量产品和低质量产品也具有替代性。受生鲜农产品自身的价格、质量和不可控的随机因素的影响，其需求也容易呈现出一定的随机性（陈军、但斌，2011）。

农产品自身易腐败、易耗损的特征，使运输过程中随着时间的延长，自然腐烂随之增加，另外，搬运装卸等过程中不可避免地存在磕碰挤压，进一步增加了农产品的耗损率。尤其生鲜农产品是居民食物营养的重要来源，食品的新鲜度是保证食品营养与质量安全的重要因素。农产品的地域性、季节性和周期性，以及供需的不确定性进一步加剧了农产品价格的波动，这些特征决定了农产品的供应链不同于其他工业品的供应链。

## 二、供应链与农产品供应链

供应链（Supply Chain）的概念最早起源于"现代管理学之父"彼得·德鲁克（Peter F. Drucker）提出的"经济链"，后来美国经济学家迈尔克·波特（Michael Porter）提出了"价值链"概念，之后进一步提出了"供应链"，这一概念在工业领域中得到广泛使用。

研究者基于供应链不同的研究角度，对供应链提出了不同的定义。目

---

① 参见《中国农业统计年鉴2019》。

前，普遍认可的供应链定义是，单个企业为了生产某一商品、售卖给零售商或用户所涉及的全部活动，包括企业为了生产某一商品进行的原材料的采购，以及为实现产品销售的全部行动总和。为了提升这些行动的效率与质量，降低企业成本，增加企业利润率，供应链管理这一概念被提出，供应链管理是通过对供应链中参与主体的行为关系的管理，以最低的成本和消耗最大限度地满足消费者的需求，从而提升整个供应链的运作效率，并使供应链中所有参与主体包括消费者都能从中受益（马士华、林勇，2006；李崇光等，2010）。

供应链管理的理论与思想逐渐运用到农业领域的研究中。农产品供应链主要是指农产品从产地运到餐桌的全过程，包括农产品的种植、检测、包装、仓储、运输和消费的每一环节（Tsolakis et al.，2014；隋博文，2016）。农产品的供应链是包含了农产品的产、供、销等行为的有机整体，围绕这一系列的活动，由种植者、物流服务商、中间经销商、加工者、零售商及消费者共同组成的一种网络结构。生鲜农产品具有易损耗、易变质、易污染、保质期较短的特性，对其生产、流通和销售环节的要求较高，科学技术的发展以及居民对于农产品品质的高度重视，使得农产品供应链管理在实现农产品空间移动的同时，还需要兼顾农产品运输质量，以更高的效率向终端提供生鲜农产品，并在数量、质量和价格方面满足终端消费者的需求（游军、郑锦荣，2009）。

# 第二节　农产品供应链管理理论

## 一、农产品供应链产生的动因与目标

对农产品供应链管理的研究始于 20 世纪 90 年代初，当时农产品供过于求，市场竞争激烈，农产品贸易自由化，与此同时，顾客对农产品的需求变化加快、需求服务提高，特别是对食品质量安全的要求日益严格。在这种背景下，农产品种植者和相关企业如何组织生产、经营和增强市场竞争能力，需要由农产品种植者到消费者组成的供应链来协调解决。这成为当时农产品供应链管理的发展动力。国际上传统农产品供应链管理的目标是实现在最低成本的环境下改进农产品质量。我国的农产品生产有自己的特殊国情，这也就决定了我国的农产品供应链管理理念或方式不能简单照搬国际经验，必须要与我国的国情和实际情况紧密结合。

农产品供应链管理的出发点需要高度关注客户的实际需求，强调集成化管理，实质是使农产品供应链节点上的各相关主体充分发挥各自的核心能力，优势互补并有效地实现最终客户价值。它强调战略管理，不是整个链条上的每个成员单纯从强调自身利益最大化出发去实现资源的最优配置，而是从追求整个供应链管理的最优化来实现链条上所有成员成本最小化和利益最大化。

## 二、农产品供应链基本特征

农产品不同于其他标准化的工业制品，具有易腐败、易耗损、区域性、周期性、季节性等自然属性，农业生产严重依赖于自然条件、地理环境等不可抗自然因素。尤其是生鲜农产品作为居民食物消费及营养的主要来源，是重要生活必需品，农产品的消费弹性小，需要提供稳定供给量，进而减少农产品的市场价格的波动。因此，农产品的诸多特性决定了农产品供应链不同于工业品供应链，农产品供应链存在以下几个特征：

（1）农产品供应链环节多，参与主体多元。农产品供应链包括从农产品生产到终端消费者的全部生产、加工、包装、存储、运输、销售等环节。每个环节都由不同的参与主体完成，各主体之间都是相对独立的组织或个人，并没有直接的上下权属关系。我国农产品生产具有分散性，小规模种植，在生产环节有着数量庞大的农产品供应商；我国具有多级的流通体制，各级农产品批发市场实现农产品的流通集散，离开农产品批发市场环节，在达到终端消费者之前，还可能经历几次转手交易，如农贸市场、超市、社区便利店等。相比标准化的工业制品，整个流通环节需要有限的供应商或流通环节。因此，农产品供应链的管理难度更大，且供应商规模小、分布广泛，增加了行业供应链管理的难度。

（2）基础设施的专用性强。由于农产品鲜活易腐败，在流通中必须采取特定的措施，才能保证农产品以合乎要求的质量进入消费者手中。农产品的品类较多且品种丰富，在流通环节分类、加工、包装、整理等需要使用专门的设备，如果提高机械化水平，可能需要更加专业的设施或设备。农产品流通比工业品流通更具复杂性，并且具有更强的资产专用性。同时，受季节、气候等自然条件的限制，农产品的生产周期比工业品要长得多，而且产量年度波动幅度更大。因此，在农业生产方面的投资具有更长的回收期，行业门槛不高但是进入和离开的阻力较大。

（3）供应链各环节市场力量不均衡。我国是一个以小农户家庭经营为基础、人均耕地资源严重不足的农业大国，分散小规模种植是我国农业生产的主要特征，大多数农产品是由这些分散的农户生产的，在我国特殊的农业国情下催生了农产品经纪人，是指从事农产品收购、储运、销售以及销售代理、信息传递、服务等中介活动而获取佣金或利润的经纪组织和个人。经纪人将农产品统一进行收购运输然后销售到下一环节，与农户的交易方式普遍采用对手交易，这种交易方式决定了分散的农户在整个农产品供应链的市场力量非常薄弱，尤其是农户对农产品价格毫无话语权，造成其在整个农产品供应链的各个环节中处于绝对的弱势地位。

相较于欧洲、美国等发达地区和国家，农户种植规模大，种植专业化、机械化程度高，农场主或农业企业家作为独立运作的农业企业，在供应链上没有任何特殊性，生产的农产品直接进入流通消费终端销售市场，如大型超市、加工企业，流通环节少，生产者对于农产品的价格拥有绝对的市场影响力。因此，在我国小生产与大市场环境下，我国传统的农产品流通模式交易环节多、不确定性大、双方信息不对称、成本高等诸多问题，进一步造成农产品供应链各环节的市场力量不均衡发展。

（4）农产品供应链对物流的整合能力要求较高。农产品物流能力（包括物流管理和物流基础设施等方面）制约和影响着农产品供应链的范围和绩效。农产品供应链物流客体的特殊性，如农业原料及制品具有供应季节性、性状不稳定及易腐败等特性，决定了农产品供应链对物流管理能力和物流技术因素的高度依赖。农产品供应链比较长，一般需要以农业投入物为起点运达农村，直至千家万户，再经过农业生产、收获等环节向中间商扩散，最后分销到千家万户的消费者（呈强发散性）。这一特点决定了农产品供应链中一体化物流控制上的高难度、管理上的复杂性、物流硬件投资上的巨大性，因此，要提高农产品物流的水平，必须实行专业化的物流管理，减少农产品供应链的环节，这进一步说明农产品存在技术上的供应链整合要求。

农产品供应链是物流、信息流、资金流三者的统一，是现代农产品物流管理理论发展的一个高级阶段，是现代科技与信息网络经济发展起来之后的一种全新的现代化管理理念。

### 三、农产品供应链的优化契约理论

农产品供应链是由不同利益主体共同参与构成的合作型系统。每个环节的利益主体试图实现自身效用的最大化，这往往会影响其他利益主体的利益或影响整个供应链系统整体目标的实现。农产品供应链是典型的需要协调、整合的系统。农产品供应链管理的目的就是协调和控制农产品供应链成员的物流、信息流、资金流，实现降低成本、提高利润和服务水平的目标，使整个供应链获得的利益大于各成员单位单独获得的利益之和。供应链基于"竞争—合作—协调"机制，整合是供应链稳定运行的基础。

建立农产品供应链"竞争—合作—协调"机制需要供应链各节点上的利益主体能够保持稳定有效的战略合作，而其中最重要的方法就是建立一种有效的激励契约。在一般行业供应链管理契约机制研究中，主要有批发价格契约（曹武军、张方方，2017）、回购契约（杨亚等，2016）、收益共享契约（肖迪、潘可文，2012；杨磊等，2017）、利润共享契约（于荣等，2018）、成本分担契约、风险分担契约和数量折扣契约等。这些契约的建立都是基于不同的利益分配选择方案，无论何种形式契约机制的建立，目标都是实现供应链成员在追求自身利益最大化的过程中，也促使供应链系统的利益最大化，此外，在保证契约协调供应链的条件下，通过设定合适的契约参数，保证每个成员的利润都比无契约情形下的利润高。

在基于一般产品的供应链管理契约机制研究中，农产品供应链优化契约的建立需要充分考虑农产品供应链成员之间物流、资金流和信息流等要素的实际运行情况，设计并建立起到协调激励作用的契约机制。通过确定优化整个控制系统中的契约参数，有效地调控系统整体，使整个农产品供应链实现从无序向有序转化，达到协同状态，从而在供应链成员之间建立稳定的战略合作伙伴关系，合理分配利润，共同分担风险，提高信息共享程度，降低耗损率，降低总成本，最终实现系统的整体效益大于各部分子系统的效益之和。

# 第三节　商贸流通理论

商贸流通是实现供应链价值的关键环节，从生产领域到消费领域的空间转移就是商贸流通。在这一过程中，流通主体需要完成由普通农产品到商品，到货币，再到商品的转化过程，商贸流通的过程不仅是商品所有权的转移，更是商品价值实现的重要过程，这两项活动在商贸流通中同时发生，彼此不可分割、相辅相成，构成了完整的商贸流通。

## 一、商贸流通特征

商贸流通的特征主要取决于商品本身的自然属性与社会属性。商品流通受到所处地理位置与生产规模的限制，距离终端消费市场越远，产品的流通难度越大，流通的辐射范围就可能大大缩小，随着物流装备及保险冷藏技术的发展，商品流通可以减少空间距离的限制，进一步扩大流通范围。

农产品的生产受到各地区自然环境的影响，具有明显的地域特征，随着商贸流通的发展，更多的农产品能够销往全国乃至国际市场。

## 二、商贸流通中的"商物分离"原则

商流和物流总是相伴发生的，先实现了所有权的转移，然后才有使用权的转移。但尽管两者的关系十分紧密，商流和物流依然具有各自不同的活动内容和活动规律。首先，两者的场所分离，即实现商流的地点往往不是商品物流的发生地或必经地。其次，两者的业务范围分离。商流涉及的是企业的经营活动，需要经过一定的经营环节和制度约束，而物流则不受限制，往往根据商品特征选择最佳物流线路，尽可能选择最少环节以按时、保质保量地完成商品交付。因此，实现商品流通中的"商物分离"，分别对两者进行研究和规划，是提高企业整体绩效和发展水平的现实需要。

生鲜农产品被生产出来以后通过买卖发生所有权转移，然后经由相应的物理流动过程由农户进入中间商手中，发生第一次使用权转移，再经过转卖流向二级中间商、三级中间商直到到达消费者手中，最终完成整个流通过程。总而言之，生鲜农产品生产的特殊性带来了其流通渠道的多样性，而生鲜农产品自身的特殊性则导致了其物流过程的特殊性，决定着生鲜农产品物流环节的长度和物流成本的大小。此外，根据商品流通中的"商物分离"理论，将生鲜农产品的生产和物流分开研究，对于掌握生鲜农产品的供给规律、优化生鲜农产品物流渠道更具针对性和指导性，能够更好地指导生鲜农产品的有效供给。

# 第四节　价值链理论

1985 年美国学者迈尔克·波特在《竞争优势》中首次提出了"价值链"，价值链是包含原料采购、设计、生产、销售、运送等一系列活动的集合体，这些活动是构成最终商品价值的基础，这些活动并不是孤立存在的，彼此之间相互影响、相互依存。供应链这一概念也是在"价值链"概念基础上进一步引申发展而来的，因此，价值链理论是供应链理论的基础。

## 一、价值链与供应链

供应链是价值链的延续。供应链是以物流为实体依托，倾向于外在表象环节流程，各种物料通过物流活动在供应链各个环节流通，实现其市场价值或附加价值的增值。价值链中体现的整合与协同思想在供应链理论中得以强化与延伸，供应链理论在此基础上跳出企业边界理解企业的竞争优势。根据价值链理论，如果价值链各环节上的企业彼此在各自的关键成功因素——价值链的优势环节上开展合作，可以产生双赢的协同效应，实现价值链整体收益的最大化。

价值链管理非常强调协作，使跨企业的业务运作得以连在一起，集合价值链上各个环节的优势力量，从而构成一条具有持续竞争力的价值链。在价值链思想的指导下，通过在供应链各个节点企业间建立合作伙伴关系，通过协作有效保证合作伙伴均通过增加价值获得竞争优势。总之，供应链可以看成是价值链的延续，是扩展的价值链，价值链的相关理论构成了供应链的理论基础。

价值链与供应链存在显著的区别。最主要的区别在于对物流、信息流、资金流的管理目的存在差异。供应链侧重于将"三流"协调高效运行，目的是提高整体运作效率，降低交易成本，增强企业竞争力。而价值链更加关注价值的转移与增值，通过发现提升企业市场影响力的关键环节，进行业务流通优化，制订恰当的竞争战略。供应链更加侧重于对具体业务的管理，价值链的优化中还包含企业文化或发展战略等企业软实力的提升优化。

## 二、价值链的主要特征

价值链的实质是增值链，价值链的管理目标是实现商品增值。各种原材料采购、提出产品设计、完成生产、进行市场销售等活动的过程，是一个不断增加其市场价值或附加值的增值过程。企业利润率及行业竞争力都受到价值链上每个环节价值增值率的影响。

价值链整合各价值增值环节信息。围绕整个价值链上各个环节以及市场信息，能够将生产计划预测、消费者偏好、产品研发、生产制造、成本优化等各种信息在价值链不同环节之间交换与共享。价值链参与成员能依据整个价值链的正确信息来协同各自的行为活动。信息技术的不断发展正在进一步优化或改变传统的价值链模式，使信息传递更加高效、有序。

价值链可以提升各环节之间的沟通协作。价值链理论认为，行业的垄断优势来自该行业某些特定环节的竞争优势，抓住了关键，也就抓住了整个价值链。因此，企业在资源有限的情况下，从价值链的整体利益出发，要求所有成员能够消除企业界限，各环节只需保留自己最关键的价值链活动，而将其他非核心价值链环节通过各种外部力量进行整合，实现协同工作，这样整个产业内的企业就可以在各自的价值链关键环节上开展合作。

# 第三章

农产品供应链的发展演变

# 第一节  流通体制机制与政策回顾

## 一、自由购销阶段（1949~1952 年）

中华人民共和国成立初期，国力疲弱，各行各业都处于百废待兴的状态。当时我国生产力水平落后，经济基础十分薄弱，社会积贫积弱，国有经济占比较低，而私营经济成为当时最主要的经济形式，因此，在中华人民共和国成立初期整个流通市场进入了一个短暂的自由购销体制阶段。

这一阶段，农产品供需失衡矛盾突出，农产品市场价格波动较大。中华人民共和国成立初期，农业生产方式落后，农业产量相对低下，1949 年全国粮食产量仅为 1.1 亿吨（郑鹏，2016），城乡总人口达到 5.5 亿，因此，农产品供给严重不足，同时这一阶段流通设施基础薄弱，农产品的市场流通数量进一步受到限制，供求矛盾进一步突出。尽管这一时期处于自由购销阶段，但是由于供需矛盾突出，农产品的市场价格波动大，一些地区甚至出现了排队抢购粮食的现象。

中央政府当时成立了专门的机构加强农产品调控，平抑物价，稳定市场供应及社会稳定。为了强化对农产品流通的管理，中央政府设置专门的机构规范体制管理。在大宗农产品的管理方面，1950 年，首先在中央财政部粮食处的基础上成立了粮食管理总局，统一领导全国的粮食管理机构；之后又成立了中国粮食公司，统一领导全国的粮食贸易机构。果蔬、肉禽蛋等生鲜农产品在这一阶段执行了较为自由的购销制度，延续了中华人民共和国成立之前的个体生产及销售制度，国家支持鼓励私营工商业者从事果蔬、肉禽蛋等生鲜农产品的经营与流通活动。生鲜农产品在这一阶段维持了短暂的自由购销局面，价格根据市场供需情况实现随行就市。

## 二、统购统销阶段（1953~1984 年）

中华人民共和国成立初期农产品自由购销体制的执行并没有为国民经济发展奠定良好的物质基础，而且在这一时期市场供需脱节，资本主义商业实力囤积居奇，哄抬物价，影响社会稳定与政权的巩固。因此，结合当时的形势与国情，中央政府决定对农产品实行统购统销的政策，即在农村实行粮食征购，在城市实行粮食定量配给，对农产品的计划收购与计划供应意味着 1953 年之后中国流通体系进入了统购统销的计划经济时代。

1952 年 8 月中国粮食公司与粮食管理总局合并，建立中央粮食部。1953 年 10 月发布《关于实行粮食计划收购与计划供应的决议》，1953 年 11 月中央人民政府政务院颁发了《关于实行粮食计划收购和计划供应的命令》，在全国范围内开始统购统销的流通政策，首先在粮食、油料等大宗农产品中开始执行，之后范围进一步扩大到棉花、肉蛋、皮革、茶业等重要农产品，至此重要的农产品都开始执行国家管控，一律不能自由进行市场交易，交易价格由行政力量统一决定，这一时期原商业部、原粮食部等部门成为农产品流通体系的主要行政管理部门。

在重要农产品实行统购统销体制的同时，蔬果、禽蛋肉等生鲜农产品的统购统销政策执行略有不同。1951 年蔬果流通体系进入统购统销阶段，1957 年国务院全体会议第五十六次会议上要求，供应出口的苹果、柑橘，供应出口和大城市的水产品由国家委托国营商业和供销合作社统一收购，分散区、非集中产区的鲜果、水产品等可以进入国家领导的自由市场。在 1957 年之后，蔬果、肉禽蛋等生鲜农产品实行统购统销与国家领导下自由市场并行的流通体制。

1953~1984 年，统购统销阶段政策文件梳理回顾如表 3-1 所示。

**表 3-1 统购统销阶段（1953~1984 年）政策文件梳理回顾**

| 序号 | 时间 | 文件名称 | 主要内容 |
|---|---|---|---|
| 1 | 1953 年 10 月 | 《关于实行粮食计划收购与计划供应的决议》 | 在农村向余粮户实行粮食计划收购（简称统购）的政策；对城市人民和农村缺粮人民，实行粮食计划供应（简称统销）的政策，亦即实行适量的粮食定量配售的政策；实行由国家严格控制粮食市场，对私营粮食工商业进行严格管制，并严禁私商自由经营粮食的政策；实行在中央统一管理下，由中央与地方分工负责的粮食管理政策 |
| 2 | 1953 年 11 月 | 《关于实行粮食计划收购和计划供应的命令》 | 生产粮食的农民应按照国家规定的收购粮种、收购价格和计划收购的分配数量将余粮售给国家。农民在缴纳公粮和计划收购粮以外的余粮，可以自由存储和自由使用，可以继续售给国家粮食部门或合作社，或在国家设立的粮食市场进行交易，并可在农村间进行少量的互通有无的交易 |
| 3 | 1980 年 4 月 | 《关于加强物价管理、坚决制止乱涨价和变相涨价的通知》 | 凡由国家规定牌价的工农业商品，在全国各地的零售价格，一律执行国家的规定，不得提高。国家计划调拨的生产资料，包括超产部分和自销部分，必须执行国家定价，不准议价。按照国家规定允许价格向下浮动的，可以向下浮动 |
| 4 | 1981 年 5 月 | 《关于加强大中城市和工矿区蔬菜生产及经营的工作报告》 | 蔬菜生产所需的生产资料应列入当地物资供应计划，并通过地方物资部门和供销部门与菜区社队签订物资供应合同，保证供应。蔬菜生产需要的优质化肥（包括复合化肥），高效、低毒、低残留农药和农用塑料薄膜以及一些三类物资等，要积极组织货源，抓紧安排。各级供销部门要努力改善经营管理，精简流通环节，减少流通费用，争取做到微利不赔。同时，在稳定蔬菜零售价格的情况下，由各地按照规定的权限，参照历史上合理菜粮比价，安排好蔬菜收购价格，以保证菜农合理收益。改进蔬菜经营工作。大中城市的蔬菜经营可设立统购包销的国家市场与国家领导下的自由市场相结合的蔬菜市场。各地要结合当前情况，对蔬菜的购销形式、淡旺调剂、价格政策、网点增设、贮存设施、经营环节等，研究总结经验教训，因地制宜地提出改进方案，有计划地稳步进行改革，使之更适应蔬菜这种商品的特点 |

## 三、计划向市场过渡的"双轨制"并行阶段（1985～1991 年）

党的十一届三中全会之后，我国农业农村发生了一系列深刻的变革。家庭联产承包责任制成为当时农村经济体制改革的重要内容，长期"重工轻农"的意识偏差被纠正。农村改革逐步推进，一系列促进农业农村全面发展的政策被制定并实施，长期被压抑的生产潜能被激发出来，农产品的收购价格有所提高，农民生产积极性大大提高。因此，在这一阶段，农产品的供销形势发生了重要的变化，购销政策随之做出了重要的调整。"双轨制"并行的流通体制逐步替代统购统销体制。

1985 年《关于进一步活跃农村经济的十项政策》明确规定了执行"合同订购与市场收购"并行的粮食流通体制，对于销售范围与销售数量的计划逐步减少，但是仍旧实行统一销售。1991 年收购政策进一步改为"国家订购"。在这一阶段政府强制性收购、低价定量供应与一般性市场行为同时存在，且允许非政府性的粮食流通组织参与粮食流通。粮食流通体制存在计划体制与市场体制并行的状态，在粮食收购方面改变了原有的"统购"体制，粮食的销售仍旧保留了"统销"方式。

生鲜农产品尝试探索市场化流通体制。《关于进一步活跃农村经济的十项政策》的第一条就是改革农产品的统派购制度，肉类、蔬菜允许自由上市、自由交易，随行就市、按质论价，任何单位不再向农民下达指令性生产计划。允许更多私营组织或个人参与果蔬、农副产品的流通，生鲜在这一阶段开始进入了市场化自由探索阶段。

1985～1991 年，"双轨制"并行阶段政策文件梳理回顾如表 3-2 所示。

表 3-2　"双轨制"并行阶段（1985～1991 年）政策文件梳理回顾

| 序号 | 时间 | 文件名称 | 主要内容 |
|---|---|---|---|
| 1 | 1984 年 1 月 | 《中共中央关于一九八四年农村工作的通知》 | 大中城市在继续办好农贸市场的同时，要有计划地建立农副产品批发市场，有条件的地方要建立沟通市场信息、组织期货交易的农副产品贸易中心 |

续表

| 序号 | 时间 | 文件名称 | 主要内容 |
|---|---|---|---|
| 2 | 1985 年 1 月 | 《关于进一步活跃农村经济的十项政策》 | 国家不再向农民下达农产品统购派购任务，分别实行合同定购和市场收购。粮食取消统购，改为合同定购。生猪、水产品和大中城市、工矿区的蔬菜，也要逐步取消派购，自由上市，自由交易，随行就市 |
| 3 | 1985 年 3 月 | 《国务院关于下达调整生猪和农村粮油价格方案的通知》 | 取消生猪派购，实行有指导的议购议销。国家对小麦、稻谷、玉米和主产区（辽宁、吉林、黑龙江、内蒙古、安徽、河南）的大豆实行合同定购，其他粮食品种自由购销。合同定购内的三大品种（指小麦、稻谷、玉米，下同）按"倒三七"比例计价（即全省平均计算，三成按原统购价，七成按原超购价）收购 |
| 4 | 1986 年 1 月 | 《关于一九八六年农村工作的部署》 | 巩固和扩大农产品统购派购制度改革的成果，将适当减少粮食合同定购数量，扩大市场议价收购比重，保护和鼓励农民生产和交售粮食的积极性。大城市要把蔬菜和副食品的生产、供应放在重要位置。要积极建立各种形式的蔬菜和副食品批发市场，为大批量农产品进城创造条件 |
| 5 | 1990 年 7 月 | 《国务院关于加强粮食购销工作的决定》 | 按照国家确定的计划和结算价格，转作平价专项储备。这部分专项储备小麦，统购价与结算价之间的差价，由中央财政给予贴息 |
| 6 | 1991 年 10 月 | 《国务院关于进一步搞活农产品流通的通知》 | 粮食，在保证完成国家定购任务的前提下，长年放开经营。有条件的地方，生猪可以完全放开经营。打破地区封锁，撤掉滥设的关卡，保证货畅其流，建立全国统一的农产品市场，保证农产品流通的正常秩序，严禁地区封锁，任何部门和地方不得干预流通部门执行国家计划和合法的经营活动。供销合作社和国营商业是国家农产品流通计划的主要执行者，是稳定和繁荣城乡市场的主导力量。鼓励集体和个人进入流通领域，发展多渠道经营。逐步建立和完善以批发市场为中心的农产品市场体系。要继续发展多种形式的农产品初级市场，同时有计划地建立若干主要农产品的批发市场，逐步形成以批发市场为中心的农产品市场体系 |

### 四、自由市场阶段（1992 年后）

1992 年邓小平的"南方谈话"总结了过去十多年改革开放的经验教训，也为社会主义市场经济体制的创建指明了方向，在诸多领域的理论与实践方面都提出了新观点，讲出了新思路，开创了新视野，有了重大新突破，使建设有中国特色社会主义的理论与实践，大大地向前推进了一步。与此同时，这一阶段流通体制迎来了市场化改革之路，然而不同类型农产品的转型发展之路存在较大差异，果蔬等农副产品逐步在全国范围内有秩序地逐步放开，进入市场化的自由购销阶段，相较之下，粮食的流通体制改革经历了更多曲折的探索与尝试。

粮食的"双轨制"并没有为粮食流通体制带来真正市场化的改革，实质上只改变了粮食"统购"体制，并没有改变"统销"体制。收购由国家统一收购改为多种交易主体并存，国家收购占粮食收购中相当大的比例。粮食价格补贴使得粮食收购价格远远高于当时在城市的市场销售价格，造成粮食价格严重倒挂。1993 年国务院发布《国务院关于加快粮食流通体制改革的通知》，其中明确指出，粮食价格改革是粮食流通体制改革的核心，在国家宏观调控下放开价格，放开经营，增强粮食企业活力，减轻国家财政负担，进一步向粮食商品化、经营市场化方向推进，争取在两三年内全部放开粮食价格。1993 年的中央十一号文件指出，粮食全部实行"保量放价"，即保留定购数量，收购价格随行就市。粮食价格和购销放开以后，国家对粮食实行保护价制度，并相应建立粮食风险基金和储备体系。之后在1995 年提出建立健全粮食储备调节体系和灵活的粮食吞吐调节机制，组织好产区和销区的购销衔接，建立两条线运行机制，长达 40 年的粮食体系"统购统销"体制至此彻底结束。

1996 年之后粮食流通体制真正进入了市场化改革阶段。在这一阶段，粮食产量大幅增加，为了进一步调动农民的生产积极性，粮食收购价格进一步提高，但粮食的购销系统并没有及时适应粮食供应的新形势，粮食销售额下降，国有粮食企业经营性亏损严重。1998 年中央一号文件为了打开粮食系统体制改革的局面，明确了"四分开一完善"（即政企分开、中央与地方责任分开、储备与经营分开、新老粮食财务挂账分开和完善粮食价格机制）的改革原则。1998 年，对落实"三项政策，一项改革"做了进一步部署，为确保按保护价敞开收购农民余粮政策的落实，国务院还决定利用国债资金进行大规模的粮库建设。1999 年，针对粮食优质品种不足、库存积压严重、部分品种销售不畅的情况，调整粮食保护价收购范围，降低粮食收购价格水平，完善粮食超储补贴办法，促进顺价销售。

加入世界贸易组织是推动我国社会主义市场经济体制完善发展的催化剂，2000 年加入世界贸易组织为粮食流通体制发展带来了机遇与挑战。国务院要求粮食体系推进主销区粮食购销市场化改革，粮食生产和流通主要依靠市场调节的同时，也要按照粮食省长负责制的要求，保证粮食供应和粮食市场稳定。进一步扩大中央粮食储备的规模，适度增加国家粮食储备库的基础建设。

随着社会主义市场经济体制的建立与完善，粮食流通体制逐步进入了社会主义市场经济阶段。2006 年后，粮食流通体制的改革主要集中在建立与完善稳定的粮食市场价格、保护农民利益机制及农村现代流通体系建设，以及着力规范政府调控与企业经营关系、加快国有粮食购销企业组织结构创新、发展粮食产业化经营、解决国有粮食企业历史包袱、培育和规范粮食市场、建立产销区之间利益协调机制、完善最低收购价政策和直接补贴政策、健全粮食宏观调控体系等方面，保证粮食流通体制改革的顺利推进。

蔬果等农产品取消"派购"政策之后，逐步进入了市场化的自由交易阶段，这一阶段对于生鲜农产品的改革更多聚焦于流通体系的构建，如流通主体的创建与成熟发展、流通链条的优化与探索、流通模式的改革与创新等。1992 年后，生鲜类农产品体制改革进入自由市场发展的新阶段，各类农副产品在全国范围内有步骤、有秩序地逐步放开，进入依赖市场调节的阶段。

1992 年后，自由市场阶段政策文件梳理回顾如表 3-3 所示。

表 3-3　自由市场阶段（1992 年后）政策文件梳理回顾

| 序号 | 时间 | 文件名称 | 主要内容 |
|---|---|---|---|
| 1 | 1993 年 2 月 | 《国务院关于加快粮食流通体制改革的通知》 | 保留粮食定购数量，价格随行就市；继续实行和改进粮食定购"三挂钩"政策；为防止"谷贱伤农"或粮价暴涨，在必要时应制定粮食收购的最低保护价或销售的最高限价 |
| 2 | 1993 年 11 月 | 《关于当前农业和农村经济发展的若干政策措施》 | 粮食统购统销体制已经结束，适应市场经济要求的购销体制正在形成。从 1994 年开始粮食全部实行"保量放价"，即保留定购数量，收购价格随行就市 |
| 3 | 1994 年 5 月 | 《国务院关于深化粮食购销体制改革的通知》 | 平抑粮价，稳定市场。建立健全灵活的粮食吞吐调节机制，适时平抑粮价，稳定粮食市场，促进生产，保证供应。加强市场体系建设。总的原则是积极发展粮油初级市场，巩固发展批发市场，逐步建立健全统一、开放、竞争、有序的粮油市场体系。要以农村乡镇集散地为中心，以粮站、粮库为依托，发展农村粮油初级市场，允许农民之间、农民与城镇居民之间在市场上进行粮食零星交易。在粮食主产区建立和完善省、市（地区）、县的区域性粮食批发市场。在粮食集散地发展一批现货批发市场，以方便粮食由主产区向销区流动 |
| 4 | 1994 年 6 月 | 《国务院办公厅关于加强粮食市场管理保持市场稳定的通知》 | 县以上主产区和主销区要尽快建立和完善粮食批发市场，并在批发市场之间尽快实现计算机联网，逐步建立起统一、开放、竞争、有序的粮油批发市场体系。要采取措施，逐步使市场行为规范化、法制化，向现代化市场发展。物价、工商等部门要加强对批发市场和集贸市场粮油交易价格、交易行为的监督管理 |
| 5 | 1995 年 1 月 | 《中共中央、国务院关于做好 1995 年农业和农村工作的意见》 | 根据城镇发展和居民消费需求的变化，抓紧组织实施新一轮"菜篮子工程"，丰富副食品市场供应。要增加"菜篮子"建设投资，建设一批新的蔬菜、肉蛋奶和水产品生产基地，把"菜篮子"建设提高到新的水平。沿海发达地区和大城市郊区要适应群众生产、生活条件的变化，扶持养猪、养牛大户，发展规模化饲养业，以保证肉类供应 |

| 序号 | 时间 | 文件名称 | 主要内容 |
|---|---|---|---|
| 6 | 1995 年 6 月 | 《国务院关于粮食部门深化改革实行两条线运行的通知》 | 将粮食部门政策性业务和商业性经营分开,建立两条线运行机制。政策性业务包括:国家定购粮、中央和地方储备粮的收购、进出口、储存、批发、调运和城镇居民基本口粮及农村需救助人口的粮食供应。商业性经营是指政策性业务范围以外的经营活动。开展多种经营,做到自主经营、自我发展、自负盈亏、照章纳税 |
| 7 | 1996 年 10 月 | 《全国"菜篮子工程"定点鲜活农产品中心批发市场管理办法》 | 为推动全国"菜篮子工程"建设,促进以批发市场为中心的鲜活农产品市场体系建设,建立稳定的产销联系,对"菜篮子定点市场"确定明确管理办法、建设运营标准及审批程序等 |
| 8 | 1998 年 5 月 | 《关于进一步深化粮食流通体制改革的决定》 | 国有粮食企业管理落后,政企不分,人员膨胀,成本上升,现行粮食流通体制已越来越不适应社会主义市场经济的要求,必须进行改革。主要措施:转换粮食企业经营机制,实行政企分开;合理划分中央和地方的粮食责权,全面落实粮食省长负责制;完善粮食储备体系,实行储备和经营分开;建立和完善政府调控下市场形成粮食价格的机制;积极培育粮食市场,促进粮食有序流通 |
| 9 | 1998 年 11 月 | 《国务院关于印发当前推进粮食流通体制改革意见的通知》 | 进一步推进粮食流通体制改革,确保"三项政策,一项改革"的贯彻落实,必须从健全机制、完善配套政策和抓好组织落实三个方面采取有力措施,使国有粮食收储企业真正建立起自主经营、自负盈亏的新机制,形成秩序井然的粮食收购市场国有粮食收储企业要在人财等方面与粮食行政管理机制彻底脱钩,实行政企分开 |
| 10 | 1999 年 6 月 | 《国务院关于进一步完善粮食流通体制改革政策措施的通知》 | 提出退出保护收购的粮食品种范围,在广东、福建、浙江等省份开始购销价格全面放开试点 |
| 11 | 2001 年 7 月 | 《国务院关于进一步深化粮食流通体制改革的意见》 | 提出"放开销区,保护产区,省长负责,加强调控"等措施 |
| 12 | 2003 年 12 月 | 《中共中央、国务院关于促进农民增加收入若干政策的意见》 | 全面放开粮食收购与销售市场,实行购销多渠道经营 |

| 序号 | 时间 | 文件名称 | 主要内容 |
|---|---|---|---|
| 13 | 2010 年 3 月 | 《国务院办公厅关于统筹推进新一轮"菜篮子"工程建设的意见》 | 适应形势变化、满足城乡居民对"菜篮子"产品日益提高的要求，对新一轮"菜篮子"工程提出新的意见和要求：加强生产能力建设，夯实稳定发展基础；以现代物流和信息化为重点，推进市场体系建设；转变发展方式，提高质量安全水平；完善调控保障体系，提高科学发展水平 |

# 第二节　主要流通主体发展演变

## 一、粮食流通主体

自由购销阶段流通主体的情况充分反映了当时国内多种经济成分并存的现状，使得多种形式的流通主体同时存在。对粮食等大宗农产品成立国有的粮食经营系统及管理组织体系，如成立专门的中国粮食公司，主要负责粮食流通及销售。

从所有制形式来看，经过社会主义改造，在统购统销阶段公有制经济成为当时粮食流通的唯一主体。

## 二、生鲜农产品流通主体

在中华人民共和国成立初期自由购销阶段，农民自产自销、商贩贩运购销、集市或庙会等多种形式畅通了农产品的流通渠道，成为满足城乡居民需要的重要流通参与主体。由于当时公有制经济在全国总经济中所占的比例较低，因此，国家对农产品流通的把控能力较弱，造成后期市场秩序混乱、物价飞涨等一系列的社会经济问题。

在计划经济时期，蔬果等生鲜农产品的流通主体已经不同于粮食等大宗农产品，呈现一定程度的差异。城市集贸市场和农村集市是生鲜农产品流通的重要载体，但是在这一阶段，城市的农产品批发市场逐步被改造成国营经济，流通主体的经济属性发生了转变。农村的集贸市场在 20 世纪 50 年代初被要求全部关停，20 世纪 70 年代之后在部分地区陆续得到了恢复，成为城市流通体系的重要补充，在农村地区发挥农产品流通的重要职能。1983 年《城乡集市贸易管理办法》指出，允许个人在集市贸易市场中从事经营活动。生鲜农产品的流通主体在这一阶段最重要的特点是集贸市场的恢复与设立，成为后期以农产品批发市场为核心的农产品流通体系发展的雏形。

1984 年中央一号文件首次提出建立农副产品批发市场，在大中城市继续发展农贸市场的同时，有计划地建立农副产品批发市场，之后在上海、深圳、北京等大中城市及山东、河南等蔬菜主产地建立农产品批发市场，山东寿光蔬菜批发市场——全国第一家蔬菜批发市场在当年建立。各地农产品批发市场的建立标志着政府逐渐放开对生鲜农产品的购销限制，农产品的经营与价格开始进入市场化的流通体制。1985~1987 年连续多年的中央一号文件均要求扩大现有的农产品流通体系，建立多元流通主体，1986 年提出建立多种形式的蔬菜及农副产品批发市场，1987 年中央一号文件再次强调扩大现有蔬菜批发市场、集贸市场及零售网点。

自由市场流通阶段是以农产品批发市场为核心主体的现代流通体制不断优化发展的阶段。中国农产品批发市场的数量与规模迅速增加，1984 年成立第一家农产品批发市场，2004 年农产品批发市场的数量超过 1000 家，其中亿元以上农产品批发市场达到 200 家。同时，农产品批发市场的交易额与交易数量也稳步扩大，农产品批发市场作为流通主渠道的作用日益凸显。农产品批发市场的功能不断丰富，从最初简单的商品交换的场所，进一步拓展农产品的辐射半径，形成了调节供求、信息传递、产销对接、价格形成等功能，批发市场构成贯穿城乡和国内外的农产品流通大动脉，发挥着主渠道、主力军的作用。

# 第三节　我国农产品供应链演变主要动因

农产品供应链从计划经济到市场经济，再到当前社会主义发展新时期，为保证稳定的农产品供给，社会稳定、良好的秩序发挥了重要的作用。随着国家经济与社会的发展，农产品供应链也随之发展了重大的变化。农产品供应链出现的一系列变革与改变不仅受到供应链自身供应主体、渠道等内部因素的影响，同时也受到整个社会经济与政策等外部大环境的影响。

## 一、内部因素

第一，供应链主体多元化发展。随着供应链参与主体的多元化，供应链渠道权力不断调整与转移。在整个供应链的下游，越接近终端零售市场，越能够及时掌握大量消费者的需求信息，占有信息资源优势。要保证农产品供应链有效性，必须保证消费者需求信息及时反馈，一旦供应链渠道权力中心出现了转移，更多地关注销售终端市场的需求，则使农产品供应链从最初生产者主导，到后来中间商或经纪人主导，最后由消费终端或零售端主导（赵晓飞、李崇光，2012）。供应链下游的需求或偏好直接影响生产端或中间流通端的行为决策。

第二，有效控制交易成本成为驱动供应链演变的重要因素。一方面，交易成本影响渠道模式的选择。在市场化的模式下，整个供应链最有效率且交易成本最低；通过市场价格机制进行交易的成本会大大增加，供应链成员或主体之间的交易成本随之增加，此时采用垂直化、联盟化、连锁经营等方式能够大大降低交易成本。另一方面，交易成本直接影响供应链链条的长度。在传统的农产品供应链模式中，农产品流通往往经过"生产者—产地批发商—运销批发商—销地零售商—消费者"等诸多环节，多次集散，各级渠道层层加价，交易成本居高不下。为了降低交易成本，必须减少流通环节，降低交易频率，随后产地直采、农超对接等能缩短交易链条的交易模式出现，尤其是电子商务的发展，进一步改变了传统交易模式对时间与空间的限制，极大降低了供应链的交易成本。

## 二、外部因素

第一，经济环境的变化。宏观经济环境、行业竞争加剧成为影响供应链变化的重要经济因素。良好的宏观经济环境下，供应链主体愿意投入更多的资金、人力、物力来扩展销售渠道、增加产品销量，行业发展会进入快速发展阶段。竞争的加剧使得农产品供应链需要通过"联盟化、一体化"来降低交易成本、稳定渠道关系、提高渠道竞争力。

第二，消费者购买模式的变化。随着经济发展、居民收入水平的显著提高，消费者对农产品的购买已经从过去"买得到"到"买得好"，更加追求质量安全、绿色有机、品牌认证等高层次的消费需求。随着社会节奏的日益加快，方便、快捷和个性化成为居民消费的重要诉求。消费终端的需求改变倒逼农产品供应链必须不断进行变革与整合，通过规模化、标准化的基地生产改变分散的无序生产，满足居民农产品质量安全的诉求。

第三，科技与信息技术导致供应链的改变。现代信息技术的应用改变了农产品供应链的渠道，电子结算交易方式的出现、电子商务的应用等新业态或新模式的出现得益于信息技术的发展。新兴业态、现代物流等新型经营形式和现代交易方式直接改变了农产品的流通渠道；现代信息技术促使农产品供应链建立农产品物流平台，使各生产基地之间、产地和销售终端之间建立紧密的联系，实现农产品的专业化、信息化流通。新技术、新方式的引入不断为流通渠道运行注入新的技术手段和经营理念，推动着农产品流通渠道的变革。

# 第四章

## 中国农产品市场发展现状

# 第一节　农产品供给端现状与趋势

## 一、农业生产发展现状

### 1. 粮食产量连续多年保持稳定高位

2015 年至今，我国粮食产量一直处于历史高位，保持在 6.5 亿吨以上，2019 年达 66384.3 万吨，同比增长 0.90%，创历史新高。其中，小麦总产量为 13359.6 万吨，同比增长 1.64%；玉米总产量为 26077.9 万吨，同比增长 1.40%；稻谷总产量为 20961.4 万吨，同比下降 1.19%；大豆总产量同比增长 13.36%，达到 1810.0 万吨；薯类总产量为 2882.7 万吨，同比增长 0.60%（见表 4-1）。2020 年我国夏粮产量 1.43 亿吨，比去年增加 0.90%。

表 4-1　2013~2019 年主要粮食作物产量

单位：万吨

| 年份 | 粮食总产量 | 稻谷 | 小麦 | 玉米 | 薯类 | 大豆 |
|------|-----------|------|------|------|------|------|
| 2013 | 63048.2 | 20628.6 | 12371.0 | 24845.3 | 2855.5 | 1240.7 |
| 2014 | 63964.8 | 20960.9 | 12832.1 | 24976.4 | 2798.8 | 1268.6 |
| 2015 | 66060.3 | 21214.2 | 13263.9 | 26499.2 | 2729.4 | 1236.7 |
| 2016 | 66043.5 | 21109.4 | 13327.1 | 26361.3 | 2726.3 | 1359.6 |
| 2017 | 66160.7 | 21267.6 | 13433.4 | 25907.1 | 2798.6 | 1528.3 |
| 2018 | 65789.2 | 21212.9 | 13144.1 | 25717.4 | 2865.4 | 1596.7 |
| 2019 | 66384.3 | 20961.4 | 13359.6 | 26077.9 | 2882.7 | 1810.0 |

资料来源：《中国统计年鉴 2019》。

### 2. 生鲜农产品供给充足且品类丰富

生鲜农产品作为生活必需品，出现在居民一日三餐的餐桌上。随着居民收入的增加，为了满足居民食物多样性及营养的需求，生鲜农产品的产量持续增长，2000~2019 年蔬菜、水果、肉类、禽蛋、奶制品、水产品等农产品的年均增速分别为 63.3%、24.6%、78.6%、67.4%、27.8%、58.9%。生鲜农产品种植面积进一步扩大，以蔬菜为例，2009 年我国蔬菜播种面积和产量分别占世界的 43% 和 49%，均居世界第一。2011 年我国蔬菜播种面积约 2.8 亿亩，产量超过 6 亿吨。生鲜农产品属于劳动密集型产业，且产品附加值高于粮食生产，可以充分发挥我国农业劳动力丰富的优势，实现规模化、精细化种植。我国生鲜农产品的种植一直保持较高的产量，如图 4-1 所示，蔬菜、水果、肉、禽蛋、奶等各个品类都保持连年增长的态势，每年保持 2% 左右的增长率，庞大的种植体系实现了充足的生鲜农产品供给。

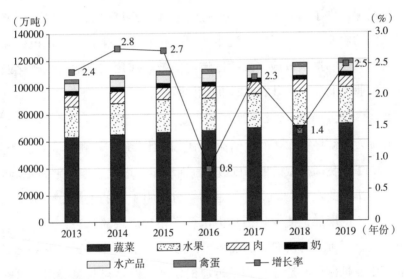

**图 4-1　2013~2019 年我国生鲜农产品产量及年均增长率**

资料来源：《中国统计年鉴 2020》。

在满足我国城乡居民消费的同时，在贸易自由化趋势下，尤其是加入世界贸易组织之后，更多的生鲜农产品进入国际市场。在贸易过程中，我国生鲜农产品具有较大的价格优势，生产行业存在质量安全问题。优质品种的培育成为解决这一问题的重要途径，在"十三五"期间，我国农业品种更新速度明显加快，蔬菜等自主研发的品种占比达 87% 以上，绿色优质品种占比超过 20%，在农业科技投入持续增加、自主创新能力不断加强的推动下，我国生鲜农产品行业品类更加丰富，品质更加有保障，不断满足国内居民及国际市场的双重需要，成为促进农民增收的重要产业。

### 3. 农业生产规模化与组织化程度提高

我国耕地面积一直稳定在 13 亿亩以上，但是土地细碎化一直是限制我国耕地规模化、机械化种植的重要因素。近年来，我国农业生产的规模化有了一定程度的发展，在坚持家庭联产承包责任制的前提下，逐步建立完善的土地流转机制，实现了区域内土地资源、经济要素、从业人员等的协调发展。新型农业经济组织、家庭农场、专业合作社等的发展为推动土地规模化经营提供了重要的基础，通过新型农业经济组织，可以充分整合一定区域内的农业生产要素，实现生产规模化和专业化、经营规模化和商品化，实现农业的集聚效应，发挥区域内的带动作用。耕地的规模化经营能够促进农业产业化，提升农业的市场化水平。

### 4. 农业生产的机械化程度显著提高

我国农业机械化作业的比例在增加，同时出现了机耕社会化服务主体。1990~2012 年我国机械播种和机械收割面积年均增长速度分别为 4% 和 9%。我国拥有丰富的农业劳动力，但是随着劳动力工资的上涨、外出务工就业机会与收入的增加，使农村劳动力出现了相对短缺的状态，为农业机械化的发展提供了重大的机遇（王晓兵等，2016）。相比中华人民共和国成立初期我国农业机械化制造业得到了迅速的发展，但是与欧美等国家自家购买农业机械不同，我国农民自发形成了机耕服务队，在利用机械完成自家耕地的同时，为其他农户提供机械服务，并收取相应费用（Yang et al.，2013）。当前也出现了专门的机械社会化服务组织，我国地域辽阔给社会化的机耕组织提供发展便利，可以根据不同地区的农时参与各地区的农业生产进行跨地区作业。

## 二、未来农业生产趋势

### 1. 我国粮食安全保障水平进一步提高，现代农业体系初步构建

我国始终坚持立足国内，实现粮食基本自给、口粮绝对安全，不断加大国家对农业的支持保护力度，深入实施科教兴农战略，加快现代农业建设，实现农业全面稳定发展和农产品有效供给，为推动经济发展、促进社会和谐、维护国家安全奠定了坚实基础。

坚持不懈地推进农村土地制度改革和制度创新。20 世纪 90 年代以来，家庭联产承包责任制的不断完善对农业增产持续发挥促进作用。针对农地产权稳定性的问题，国家逐渐推进农地制度改革，提出农地集体产权、农户承包权和经营权的"三权分置"以及第二轮土地承包到期后再延长 30 年的土地制度安排，预计这些政策还将在促进农地流转和农业生产力的提高方面产生积极的影响。

农业发展体制机制创新，构建现代农业体系。完善农产品流通体制和重要农产品价格形成机制，推进农业市场化改革，发挥市场在资源配置中的决定性作用，促进资源的优化配置。充分发挥新型经营主体和服务主体在现代农业发展中的引领带动作用。开展多样化的适度规模经营和社会化服务，在发展粮食规模化生产以及产前、产中、产后服务等方面发挥重要作用。随着小农户支持政策体系不断建立健全，小农户逐渐被引入现代农业发展体系中。投资刺激、财政补贴、金融支持、保险服务、技术培训等服务支持体系不断健全优化，使小农户将主要精力集中在少数优势生产环节，而选种、机耕、播种、施肥、植保、收割、销售、物流等环节都可以通过新型主体的社会化服务来解决。

以各地资源禀赋和独特的人文文化为基础，开发优势特色资源，不断做大做强优势特色产业。完善科技支撑体系、品牌与市场营销体系、质量控制体系，建立利益联结紧密的建设运行机制，形成特色农业产业集群。培育农业产业强镇，打造"一乡一业""一村一品"的发展格局。

**2. 农业科技创新在促进农业增长中的作用进一步凸显，智慧农业成为重要方向**

农业科技创新在农业生产各个环节中有更为广泛的应用，成为引领支撑农业转型升级和提质增效的重要手段。我国建立了庞大、学科分类齐全的公共农业科研体系，为加速国家农业科技创新提供了技术保障。在全国所有乡镇建立了国家农业技术推广体系，为加速农业技术采用提供了基层技术服务的体系保障。以工资制度和绩效评价改革为核心的农业科技运行机制极大地提高了科研人员的收入水平和科研积极性。财政投入不断增加为农业科技进步提供资金保障。我国农业科技投入从 1978 年的 17.2 亿元逐渐增加，到 2018 年已经超过 650 亿元。

**3. 市场化改革激发农业农村的资源配置活力和各种要素的自由流动**

坚持市场定价原则，探索建立农产品目标价格制度。由于最低收购价和临时收储政策，收储规模扩大，在一定程度上扭曲了市场价格形成机制，也改变了各类农产品加工、贸易企业的市场预期。建立农产品目标价格制度，农产品生产、流通和消费主要由市场价格信号来引导，让价格形成真正反映市场供求关系。国家不直接参与入市收购，而是实行"补两头、放中间"，使得农产品价格形成完全由市场供求关系决定。

在市场化进程中提升农民的分配地位。目前，我国农民的组织化程度低，还处于分散的小农生产，生产成本高且效率低，生产过程不规范。要发挥新型经营主体及乡镇龙头企业的带动作用，提高农民的组织化程度，在进入市场的过程中使农民分享产业增值收益，提高进入产业链上下游的能力。

**4. 农业绿色可持续发展能力不断提升，建立农业农村绿色发展体制机制**

多渠道、多途径建立农业绿色可持续长效机制。以绿色兴农和美丽乡村建设为重点，完善农业农村绿色发展的体制机制。继续实施化肥、农药零增长行动，建立健全化肥、农药减量使用的经济激励机制。加大对有机肥替代化肥、生物防治替代农药等的支持力度，消除要素价格和产品价格扭曲导致的农用化学品过量使用。

逐步打造功能完备、服务配套、美丽宜居的新乡村。通过加强农村道路、通信、垃圾与污水处理等公共设施与服务建设，突出乡村功能和村庄特色，遵循乡村发展规律，保护好乡村良好的自然环境，打造山清水秀、环境优美的田园风光，建设生态宜居的人居环境，为了进一步提升农村环境综合治理力度，加大农村垃圾、污水的治理力度，推进农村"厕所革命"是重要任务。对于农村基础设施实现监管并重，建立职责明确、运转高效的管护长效机制和多元化的成本分担机制，改变长期形成的"重建轻管"的传统思维。

5. 巩固脱贫攻坚成果，实现与乡村振兴战略的有效衔接

体制机制创新不断推动实现乡村产业振兴，促进农民收入持续增长。随着现代农业政策体系逐步健全，农业支持保护制度日益完善，现代农业产业体系、生产体系、经营体系加快形成，农业的多功能性被不断延伸，按照一二三产业融合发展的思路，延伸农业产业链条，进一步实现农业与旅游、文化、教育、康养、电商、物流等产业的深度融合。

通过农村集体产权制度改革有效盘活农村集体资产，增强农村集体经济活力。农民获得土地承包经营权和宅基地使用权更加完整的权能。在承包地及宅基地"三权分置"框架下，放活农村土地经营权与使用权，通过市场交易建立进城落户农民承包地、宅基地退出长效机制，切实让农民更多地分享土地增值收益。

保持脱贫攻坚目标，谋划建立长效机制，解决相对贫困问题。2020年脱贫攻坚任务如期完成后，我国贫困状况发生重大变化，扶贫工作重心将转向解决相对贫困问题，扶贫工作方式将由现在的集中作战调整为常态推进。要把决胜脱贫攻坚与健全长效机制紧密结合，研究2020年后扶贫政策取向，在研究城乡相对贫困的评价指标体系后，探索加强扶弱助困、缩小发展差距的政策措施，建立解决相对贫困的长效机制，在推进农村基层治

理能力与治理体系现代化中，推进贫困治理体系和治理能力建设。

# 第二节　农产品需求端现状与趋势

## 一、农产品需求现状

过去 30 多年来，我国的食物安全水平得到不断提高。首先，从个人和家庭的微观食物安全层面上看，温饱问题已基本解决，消费多样化，食品营养不断改善。其次，从区域层面上来看，区域间市场一体化和流通条件不断改善（Huang and Rozelle，2006），这有效地解决了资源空间分布不均带来的区域食物安全问题，区域食物安全水平显著提高。最后，从国家层面上看，食物安全总水平得到高度保障，食物自给率保持在 90% 以上。

城乡居民食物消费是食物安全的重要方面，中国食物消费巨大，而且近些年来增长非常迅速。一方面，虽然中国人口增长速度有所放缓，但是由于人口基数巨大，中国的食物消费规模非常巨大。另一方面，随着人均收入水平的提高，城乡居民对于各类食物的消费都在快速增长。2014 年末我国总人口已经达到 13.6 亿。按照黄季焜等（2012）的研究，到 2020 年粮食需求将达到 6.63 亿吨，年均增长幅度约为 1.1%；而受到现有农业生产技术、资源、政策的约束，同期粮食产量将达到 5.75 亿吨。另一份研究也认为，我国粮食需求总量的峰值很可能出现在 2030 年前后，最后可能达到 6.5 亿吨（向晶、钟甫宁，2013）。

### 1. 城乡居民粮食消费特征

近年来，随着城镇化的推进以及居民收入水平的提高，我国城乡居民人均粮食消费量逐渐下降，但对优质粮食产品的消费却逐渐增长。2014 年全国人均粮食消费量为 141.0 千克，其中，城镇居民人均粮食消费量为

117.2千克，农村居民人均粮食消费量为167.6千克，如图4-2所示。由于城镇居民食物消费结构更加多元化，与农村居民相比，城镇居民具有更低的粮食消费量，随着城市化的推进，城镇人口比重升高，使得全国人均粮食消费量逐渐减少。居民收入水平的提高，使得食物消费结构也更加多元化，肉类、水产品消费量增多，居民减少粮食消费。2019年城镇居民人均粮食消费量下降到110.6千克，农村居民人均粮食消费量下降到154.8千克，全国人均粮食消费量下降到130.1千克，均呈现快速下降的趋势。但值得注意的是，不同地区的居民粮食消费变化表现出较大差异性。南方地区居民在减少稻谷消费的同时，增加了小麦消费；华北、西北地区居民减少了小麦消费，相应地增加了稻谷消费。同时，玉米、杂粮消费量减少，而硬质小麦、进口大米等优质粮食产品的消费量却逐年增长。因此，我国城乡居民减少粮食消费量的同时，优质粮食产品的比重逐渐提高。

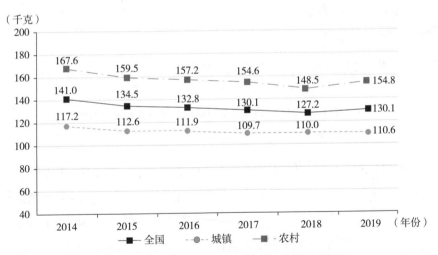

图4-2　2014~2019年城乡居民粮食消费量变动趋势

资料来源：2015~2020年《中国住户调查年鉴》。

## 2. 城乡居民其他农产品消费特征

2014年以来，城乡居民蔬菜消费量维持在一个较为稳定的水平上。2014年全国人均蔬菜消费量为94.1千克，其中，城镇居民人均蔬菜消费量为 100.1 千克,农村居民人均粮食消费量为 87.5 千克,如图 4-3 所示。2019 年全国人均蔬菜消费量为 95.2 千克,仅比 2014 年高 1.1 千克。同期城镇居民人均蔬菜消费量为 101.5 千克,比 2014 年高 1.4 千克。农村居民人均蔬菜消费量为 87.2 千克,比 2014 年还低 0.3 千克。尽管蔬菜消费量变化不大,但是城乡居民蔬菜消费结构持续优化。蔬菜消费品种更加多样化,蔬菜品质也逐渐提高,同时,反季蔬菜、大棚蔬菜使得居民蔬菜消费更加丰富。

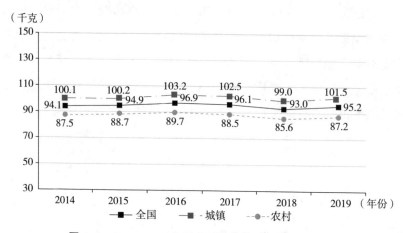

**图 4-3 2014~2019 年城乡居民蔬菜消费量变动趋势**

资料来源:2015~2020 年《中国住户调查年鉴》。

2014~2018 年城乡居民肉类消费量持续增长,但在 2019 年肉类消费出现了较大下降。2014 年全国人均肉类消费量为 25.6 千克,其中,城镇居民人均肉类消费量为 28.4 千克,农村居民人均肉类消费量为 22.5 千克,如图 4-4 所示。随着城乡居民收入的提高,肉类消费量也持续增长。2018 年全国人均肉类消费量为 29.5 千克,比 2014 年高 3.9 千克。同期城镇居民人均肉类消费量达到 31.2 千克,农村居民人均肉类消费量也达到了 27.5 千克。与城镇居民相比,农村居民肉类消费的增速更快。就肉类消费结构而言,猪肉、禽类消费的增速较慢,牛肉、羊肉消费的增速较快。2019 年,国内肉类生产受到严重损害,肉类价格高涨,使城乡居民短期内减少了肉类消费。受此影响，2019 年全国人均肉类消费量下降到 26.9 千克，其中，城镇居民人均肉类消费量下降到 28.7 千克，农村居民人均肉类消费量下降到 24.7 千克。

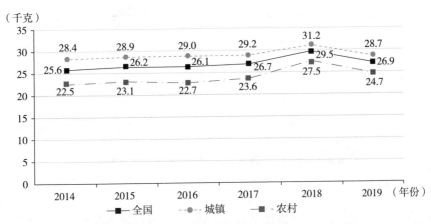

图 4-4　2014～2019 年城乡居民肉类消费量变动趋势

资料来源：2015～2020 年《中国住户调查年鉴》。

随着收入水平的提高、国内水产养殖面积的扩大和水产品进口的增长，2014 年以来城乡居民水产品消费量持续增长。2014 年全国人均水产品消费量为 10.8 千克，其中，城镇居民人均水产品消费量为 14.4 千克，农村居民人均水产品消费量为 6.8 千克，如图 4-5 所示。农村居民水产品消费量远远低于城镇居民，但是随着收入水平的提高，农村居民水产品消费的增速较快。2014～2019 年城镇居民人均水产品消费量从 14.4 千克增长到 16.7 千克，增长了 2.3 千克；同期农村居民人均水产品消费量从 6.8 千克增长到 9.6 千克，增长了 2.8 千克。与 2018 年相比，2019 年全国人均水产品消费量上升了 2.2 千克。

随着收入水平的提高，2014 年以来城乡居民鲜瓜果消费量持续增长，并且消费结构持续优化。2014 年全国人均鲜瓜果消费量为 38.6 千克，其中，城镇居民人均鲜瓜果消费量为 48.1 千克，农村居民人均鲜瓜果消费量为 28.0 千克，如图 4-6 所示。农村居民鲜瓜果消费量大幅低于城镇居民。2014～2019 年，全国人均鲜瓜果消费量从 2014 年的 38.6 千克上升到 2019

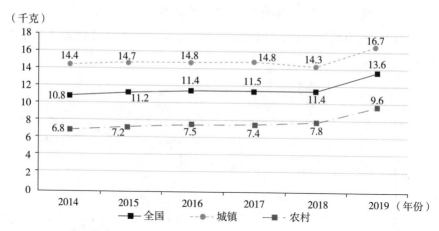

**图 4-5 2014~2019 年城乡居民水产品消费量变动趋势**

资料来源：2015~2020 年《中国住户调查年鉴》。

年的 51.4 千克。2019 年城镇居民人均鲜瓜果消费量增长到 60.9 千克，农村居民人均鲜瓜果消费量增长到 39.3 千克。随着城乡居民鲜瓜果消费量的快速增长，鲜瓜果消费结构也在持续优化。优质水果品种快速增加，在水果消费中的比重迅速提高，同时，水果进口量增速较快，榴莲、车厘子、蓝莓等优质水果消费量增长较快。

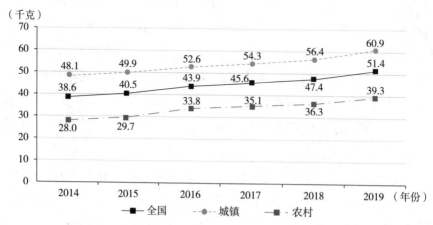

**图 4-6 2014~2019 年城乡居民鲜瓜果消费量变动趋势**

资料来源：2015~2020 年《中国住户调查年鉴》。

## 二、农产品需求趋势分析

2014~2019 年城乡居民食物消费结构持续优化，如图 4-7 和图 4-8 所示。首先，粮食和食用油人均消费量持续下降，粮食人均消费量从 2014 年的 141.0 千克下降到 2019 年的 130.1 千克，食用油人均消费量从 2014 年的 10.4 千克下降到 2019 年的 9.5 千克。其次，蔬菜及食用菌、肉类、奶类人均消费量保持在较稳定的水平上。蔬菜人均消费量保持在 96~99 千克，肉类人均消费量保持在 25~27 千克，奶类人均消费量保持在 12~13 千克。最后，干鲜瓜果类、禽类、水产品、蛋类消费量持续提高。干鲜瓜果类人均消费量从 2014 年的 42.2 千克上升到 2019 年的 56.4 千克，禽类人均消费量从 2014 年的 8.0 千克增长到 2019 年的 10.8 千克，水产品人均消费量从 2014 年的 10.8 千克增长到 2019 年的 13.6 千克，蛋类人均消费量从 2014 年的 8.6 千克增长到 2019 年的 10.7 千克。

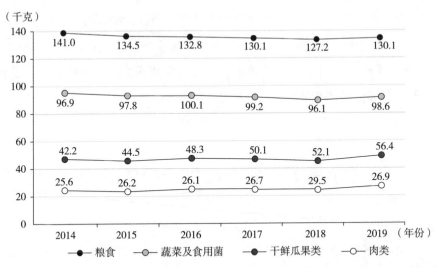

**图 4-7　2014~2019 年城乡居民主要食品消费量变动趋势 1**

资料来源：2015~2020 年《中国住户调查年鉴》。

居民食物消费的主要变化来自高价值农产品的增长。农产品需求有两大最主要的影响因素，一个是人口数量，另一个是人均需求。从人口来看，

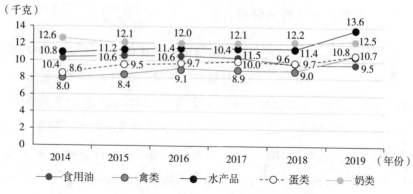

**图 4-8　2014~2019 年城乡居民主要食品消费量变动趋势 2**

资料来源：2015~2020 年《中国住户调查年鉴》。

2012~2050 年 40 年左右时间，全球人口预计增加 26 亿左右，增长人口里 95%在发展中国家。从人均需求来看，总的结论是随着城市化发展、人均收入增长，高价值的食品特别是畜产品、水产品、蔬菜、水果、特色产品的需求会增加。这些高价值产品具有较大的收入弹性，收入增长 1 倍，它们的需求会增长 50%，甚至 100%。不同国家情况不一样，低收入国家弹性系数非常高，收入提高 1 倍，对高价值农产品的需求可能超过 1 倍。也就是说，未来人们将会消费更多安全优质的农产品。

# 第三节　农产品供应链的特点

农产品供应链是实现农产品从供给到消费的关键环节，基于不同的农产品供给与需求的变化，农产品供应链也会做出相应的调整。因此，本节主要基于前面中国农产品供给与消费现状与趋势，进一步分析我国农产品供应链的特点与未来发展趋势。农业生产不同于工业及服务业，在生产过程中对自然条件及作物个体生命的依赖性比较明显，农产品本身往往具有鲜活性、易腐性，农产品生产具有区域性、季节性、分散性等特点。生鲜农产品又是人们的生活必需品，消费需求弹性小，具有消费普遍性和分散性。农产品的诸多特性，导致农产品供应链不同于工业品供应链，主要存在以下几个特点：

1. 农产品供应链的资产专用性高

由于农产品鲜活易腐，在流通中必须采取一定的措施，才能保证农产品以合乎质量安全要求的品质进入消费者手中。例如，农产品在流通环节需要进行分类、加工、包装、整理等工作；在农产品储运过程中部分品种需要特定的容器和设备，如奶产品物流需要专用的设备。这说明农产品流通比工业品流通更具特殊性，并且具有更强的资产专用性。此外，受季节、气候等自然条件的限制，农产品的生产周期与工业品相比要长得多。因此，在农业生产方面的投资需要更长的投资回收期，厂商进入和离开的阻力更大。

2. 农产品供应链的不确定性较大

农产品生产和消费的分散性，使经营者难以取得垄断地位，市场信息极为分散，人们难以全面把握市场供求信息及竞争者、合作者的信息；农业生产的季节性强，农产品上市时如果价格在短时间内难以调节，会使市场价格波动较大；此外，农产品的鲜活易腐性限制了农产品跨区域和跨季节间的即时调节，这使农产品供应链具有更多的风险。此外，农村市场运行存在很多不规范的地方，分散的农户难以准确判断市场信息，相对于消费市场的灵活多变，生产端具有明显的滞后性，往往对市场给出的信号做出错误判断，盲目生产，造成农产品"买难"和"卖难"现象交替发生。市场不确定性一方面增加了交易成本，另一方面增加了供应链整合中的机会主义倾向。

3. 市场力量不均衡

分散的小农经营使农户在供应链中处于弱势地位，不具备对价格的掌控力。在美国等发达国家，农户往往叫农场主或农业企业家，作为独立运作的农业企业，不存在被利益盘剥的问题（陈新，2002）。而我国是一个以小农户家庭经营为基础，人均耕地资源占有量偏低的农业大国，农村劳动力过剩，大多数农产品是由分散的农户进行生产的，相对于其他市场主体，分散农户的市场力量非常薄弱。

4. 农产品供应链对物流的要求较高

由于农产品生产具有区域性，而人们的需求是多样的，因而需要在不同区域间进行流通交易，然而农产品具有鲜活易腐性，即便采取了保鲜等措施，仍会有一定比例的损耗，而且这个比例会随时间和距离加大而迅速增加，进而使流通成本上升，限制农产品的流通半径。特别是生鲜农产品，对物流配送的要求更高，这一点显然区别于常温物流配送运作方式。要提高农产品物流水平，必须实行专业化的物流管理，减少农产品供应链环节，这说明农产品存在技术上的供应链整合要求。

# 第五章

## 双循环背景下农产品国内
## 大循环发展格局

农产品的供应链成为连接农产品产地与消费者的关键环节，从供应链历史发展角度来看，随着中国经济体制的改革，农产品供应链经历了由计划经济向自由市场经济的转型发展蜕变之路，进入 21 世纪之后，信息技术的突飞猛进给中国各行各业都带来了重要的创新与变革，新技术、新装备、新组织模式、新理念等应用到传统的农业发展中，农产品供应链进入了一个全新的信息化发展时期。在这一时期，供应链参与主体、供应链体系、供应链业态模式、供应链物流配送等都得到了不同程度的发展，尤其是互联网技术的快速发展，促使农产品供应链出现了前所未有的变革。

# 第一节 农产品供应链生产端主体发展情况

## 一、分散小规模农业生产

小农户家庭经营是我国主要的经营方式。我国人多地少，2019 年人均耕地面积仅为 1.45 亩，户均耕地面积不足 5 亩，只有世界人均耕地的 1/4。据农业农村部统计，我国经营规模在 50 亩以下的农户有近 2.6 亿户，占农户总数的 97% 左右，但其经营的耕地面积占全国耕地总面积的 82% 左右，分散的小规模农户是我国农业生产的主体，我国农业生产无法在短时间内实现规模化经营。

由于农民进入市场的组织化程度较低，产品的标准化程度较低，与农产品收购者谈判的能力较差，抵御市场风险的能力较弱。近几年，国家出台了多项政策鼓励促进小农户与现代农业发展方式的有机衔接，鼓励适度规模化经营，提升小农户的组织化程度，结合区域特色与区域品牌建设，挖掘区域农产品资源潜力，发展区域特色产业，形成"一村一品""一乡一特""一县一业"。通过区域性的发展规模化、集约化的农业生产，逐步发展成为能够满足我国"小生产、大市场"需求的现代农业生产经营方式。

## 二、新型农业经营主体逐步发展壮大

专业大户、家庭农场及专业合作社等新型农业经营组织正逐渐成为农业生产经营与市场交易的重要参与主体。党的十八大报告指出，培育新型农业经营主体，发展多种形式规模经营，构建集约化、专业化、组织化、社会化相结合的新型农业经营体系。这类主体正在逐渐发展壮大，截至2018年2月底，全国依法登记的农民专业合作社达204.4万家，是2012年底的3倍；实有入社农户11759万户，约占全国农户总数的48.1%；成员出资总额46768万亿元，是2012年底的4.2倍。伴随规模的扩大，合作社逐步向一二三产业融合拓展，向生产、供销、信用业务综合合作转变，成为现代农业生产的中坚力量。新型农业经营主体的培育有助于农产品价值链的提升，一方面，生产规模的扩大促使这些主体积极采纳新的农业生产技术、新的品种与生产机械，从技术和品种层面实现农产品的产业升级。另一方面，新型农业主体的生产规模远远大于普通农户，规模化种植可以提高机械利用率，统一进行加工、存储、预冷处理等措施，实现农产品的生产标准化，提升农产品的附加值，提高市场流通效率。

在农产品供应链中，新型经营主体能够有效规避小农生产的不足，提升农业生产的标准化、规模化，有利于新型农业技术与优质新品种的采纳。通过农业新型主体提升农业生产者规模化与组织化水平，提升分散小农在市场体系中的谈判能力，新型经营主体可以代表农户直接与供应链下游的客户谈判，生产的农产品可以直接销售给大型连锁超市、农产品批发市场，减少流通环节，如图5-1所示。销售端的消费需求可以直接反馈给合作社等新型经营主体，成为生产者调整生产规模的重要参考标准，指导农业生产。

## 三、农业龙头企业发挥带动示范作用

农业龙头企业作为产业化经营的先导力量，也是构建现代农业产业体

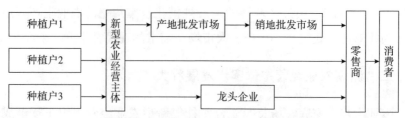

**图 5-1　以新型农业经营主体为中心的流通模式**

系的重要主体。农业企业是指采用现代企业经营方式，进行专业分工协作，从事商业性农业生产及相关活动，并实行独立经营、自负盈亏的经济组织（楼栋、孔祥智，2013）。

在农产品供应链中，龙头企业进一步发挥带动示范作用。通过率先实现标准化生产，健全质量管控体系，运用现代设施装备提高生产经营组织管理效率和效益，在农业产前投入、产中服务以及产后收储、加工和流通领域（见图 5-2），规模化养殖和资源开发利用领域发挥先导作用。龙头企业通过促进农产品加工流通转化增值，开发多元化消费产品，成为工商资本投资农村、进入农业的主要形式和重要载体。

**图 5-2　以龙头企业为中心的流通模式**

# 第二节　传统渠道仍是农产品主要流通渠道

## 一、农产品批发市场是农产品流通的主渠道

我国农产品批发市场是伴随着农产品流通体制改革而出现并逐步发展起来的，且已经成为农产品流通的主渠道和核心环节。我国 70% 以上的农

产品经过批发市场进行批发销售。农产品批发市场集物流、商流、信息流于一体，具有商品集散、价格形成、供需耦合、信息集散、交易结算、质量监控等功能。目前，我国农产品批发市场已经形成完整的农产品批发市场体系，从流通环节来说，分为一级批发市场、二级批发市场和三级批发市场；根据城乡区位分布，分为产地批发市场、销地批发市场和集散地批发市场三种类型；根据交易商品的种类范围，分为综合性批发市场和专业性批发市场。全国现有农产品市场 4.4 万家，其中，批发市场 4100 多家，年交易额在亿元以上的批发市场 1300 多家，农贸市场、菜市场和集贸市场近 4 万家①。2019 年批发市场交易额达 5.7 万亿元，交易量为 9.7 亿吨，市场内各类经销商户 240 多万个，吸纳就业人员近 700 万人，农产品批发市场仍是农产品流通的主渠道，以农产品批发市场为中心的流通模式，如图 5-3 所示。

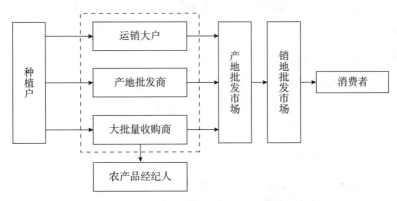

**图 5-3  以农产品批发市场为中心的流通模式**

我国农产品批发市场长期维持着低水平运营模式，亟须进行转型升级。长期以来，我国农产品市场采用"谁投资、谁管理、谁运营、谁受益"的模式，存在规划布局不合理、公益属性不明确、建设投入不足、基础设施不完善等问题，需要在交易环境、硬件设施、管理水平、食品安全追溯等方面对其进行升级改造，以适应当前经济社会发展阶段的要求，满足人民群众对美好生活的向往。

---

① 参见《中国商品交易市场统计年鉴 2020》。

改革开放以后，随着农产品批发市场的建设，全国各农产品产地和销地市场出现了一大批农产品批发商，承担着全国农产品流通与分销任务，特别是对易腐性较强的蔬果类农产品的大流通发挥了积极的促进作用。在全国农产品产地和销地市场活跃着大量的一级批发商，成为农产品批发市场流通环节的骨干力量。以北京新发地市场为例，市场内70%的农产品交易额由30%的大批发商完成（张闯等，2015）。原农业部相关数据显示，全国销售规模前100名批发商的年销售额占全年农产品销售额的75%左右，这些大批发商普遍具有超过10年的农产品批发业务从业经验，有丰富的资源与强大的资本作为保障。

## 二、农产品经纪人促进农产品商品化

农产品经纪人适应我国农业小规模、分散化的生产方式，提高了农产品的商品化流转速度，促进农村资源优势转化为流通商品优势。农产品经纪人是指从事农产品收购、储运、销售以及销售代理、信息传递、服务等中介活动而获取佣金或利润的人员（厉伟、李志国，2000）。农产品经纪人可以把本地的农产品资源介绍给市场，把市场需求和本地生产紧密连接起来，在本地形成强大的商品优势，使资源优势快速转化为市场优势，起到很好的沟通、中介作用。2000年中央一号文件也明确指出，改革开放以来日益活跃的农民经纪人队伍和各种形式的民间流通组织是搞活农产品流通的重要市场中介，是推动农业结构调整的一支重要力量。据中国农产品流通经纪人协会统计，常年从事农业经纪人业务的人员超过600万，其中不包括相当数量的短期、季节性从事农产品经纪人业务的人员。

在农产品市场体系不完善和信息传递不畅的条件下，农产品经纪人在小农户与大批发商之间传递农产品产销信息，并提供运输、购销等相关的服务，起到了纽带的作用。农产品经纪人往往经营单一品种的农产品，所以对此类农产品供求信息掌握得比较完整，而且对这种农产品供求的发展变化、价格走向普遍都有准确的分析和判断。在从事生产经营的过程中，将各地的市场信息、技术信息、产品信息等及时向农民传递，有效地解决信息不对称问题，从而指导农民调整经济结构，避免生产的盲目性，减少农民的损失，加快农产品流通效率。以农产品经纪人为中心的流通模式如图 5-4 所示。

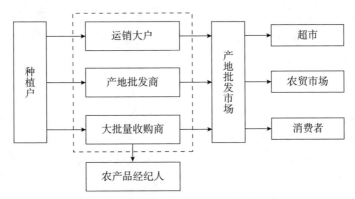

**图 5-4　以农产品经纪人为中心的流通模式**

在复杂多变的市场经济条件下，对农产品流通时间以及生产周期都有较高的要求，而不同类型专业市场又都因市场主体和市场客体的不同，而具有不同的交易特点和交易规则。如果农民仅靠自身能力单枪匹马地完成自己的交易工作，不仅增加交易成本，而且也可能因市场供求关系发生变化而丧失时机。农产品经纪人既具有丰富的交易经验和交易技巧，对买卖双方的行情比较熟悉，又拥有集中的市场信息，因而可以比较顺利地开展中介业务，以理想的价格、最短的时间沟通交易，从而大大加快农产品流通的速度。

# 第三节　物流配送体系建设为农产品供应链发展提供动能

## 一、农产品流通体系设施趋于完善

1. 初步建成完整的农产品物流体系

经过多年的发展，国内已经初步建立涵盖收购、加工、运输、储存、装卸、搬运、包装、配送、零售和相关流通服务在内的完整农产品物流体系。2015 年，我国农产品物流总额为 3.45 万亿元，相当于社会物流总额的 1.57%，"十二五"期间，我国物流规划不断扩大，社会物流总额和社会物流总收入达到 966 万亿元，是"十一五"期间的 2.2 倍，年均增长率为 8.7%，如图 5-5 所示。

（万亿元）

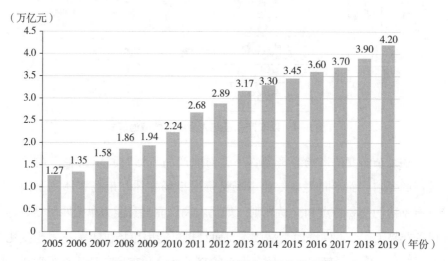

图 5-5　2005~2019 年我国农产品物流总额

资料来源：中国物流与采购联合会网站。

我国农产品的物流主体与交易方式更加多元。主要包括国有商业企业、供销社、民营企业、股份制企业，以及农村生产经营大户、专业协会、专业场（站）、专业合作组织等。我国农产品物流从业主体的绝对数量大，但单体规模小，组织化程度低，缺乏竞争力。近几年专业化的流通主体逐渐发展起来，如顺丰、"三通一达"等快递企业呈现网络化与规模化，通过建立起能够覆盖全国的服务网络，业务网络的辐射广度和深度被大大提高。除传统的对手交易外，国内农产品交易还出现了期货、拍卖、订单等新型交易方式，同时，连锁经营、冷链宅配和电子商务等新型流通手段也获得快速发展。

国家高度重视物流行业发展，打造成熟的农产品物流体系。最近连续几年的中央一号文件都提出促进农产品物流发展的相关政策措施,例如,2014 年中央一号文件指出,要加快农产品市场流通网络在全国范围内的布局,加快发展主产区大宗农产品现代化仓储物流设施;2015 年中央一号文件强调,创新农产品流通方式,加快农产品市场转型升级;2016 年中央一号文件再次指出,要加强农产品流通设施和市场建设。2014 年,《国务院关于印发物流业发展中长期规划(2014—2020 年)的通知》提出,要建设"物流园区工程""农产品物流工程""城乡物流配送工程",完善城市物流配送体系,统筹规划,搭建好城乡物流服务平台。2016 年国家发展改革委《营造良好市场环境推动交通物流融合发展实施方案》提出,要利用"互联网+"技术,大力发展城乡配送,支持物流企业组成城乡智能物流配送联盟,为农村地区建立好物流服务平台,打通农资、消费品下乡和农产品进城的通道。随后,国家发展改革委出台了《物流业降本增效专项行动方案(2016—2018 年)》,该方案旨在降低物流成本,完善县、乡、村三级物流配送网络。国家对农村物流园的发展高度关注,在中央出台政策规划后,各省份也纷纷制定了适合当地发展的规划,农村物流园迎来了前所未有的发展机遇。

2. 形成"水、路、空"多位一体的交通运输格局

交通基础设施建设有助于降低区域间贸易成本,促进跨区域交易规模的扩大和交易效率的提高,从而有利于推动区域市场整合和区域经济一体化。近几年,我国交通运输条件与相关基础设施迅速发展,国家对交通基础设施的投入逐年增加,用于包括交通运输、电信、互联网、水利、环境和公共设施的基础设施投资达 14 万亿元,比上年增长 19%,占全社会固定资产投资的比重达 22.2%,高居世界各国之首。2017 年末,我国城镇基础设施累计投资额达到 113.68 万亿元,基础设施存量排名世界第一。截至2018 年底,我国高速铁路通车里程超过 2.9 万千米,高速公路 14.25 万千米,沿海港口万吨级以上泊位 1994 个,城市地铁通车里程达到 3882 千米,均居世界首位。公路等交通基础网络建设的完善有助于促进农产品流通市

场的整合（刘刚等，2019），对农产品流通的高质量发展具有重要的促进作用。

"海陆空"交通设施的发展与完善使得货物周转量与运输距离大大提高。2009 年后公路、铁路、水路的货物周转量快速增长，之后一直保持稳定的增长趋势，2000~2019 年，铁路、公路、水路、民航等流通交通方式的货物周转量年均增长率分别为 4.2%、12.7%、11.2%、9.1%，如图 5-6 所示。相对于其他几种交通方式，公路的货物周转量是最多的，2018 年公路货物周转量达到 71249.1 亿吨千米。政府高度重视公路等交通运输方式的投入与建设，尤其是在公路方面，目前国内已经实现了村村通公路，促进了农产品的上行，也促进了生活日用品的下行。水运和民航主要在国际运输中使用，这两种方式的运输距离比公路和铁路更远，如图 5-7 所示，中国的进出口贸易获得迅速的发展，不仅是量的增加，运输距离也进一步延长。

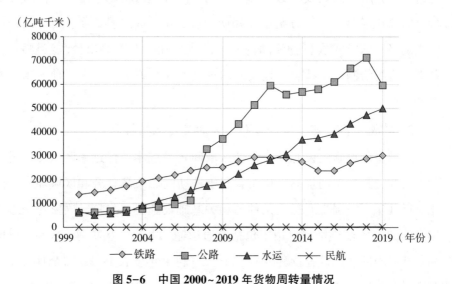

**图 5-6　中国 2000~2019 年货物周转量情况**

资料来源：历年《中国统计年鉴》。

## 二、农产品物流服务多元化发展

物流服务是实现农产品空间转移与价值增值的重要方式，在这一过程

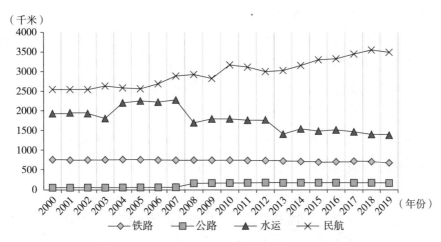

**图 5-7　中国 2000~2019 年货物运输平均距离**

资料来源：历年《中国统计年鉴》。

中，农产品的使用价值与经济价值都得以实现。农产品物流是为了满足居民生产、生活及其他社会经济活动的需要，将运输、储存、装卸、包装、流通加工、配送等多项功能高度协调的有机整体。农产品物流服务在满足我国农产品长距离、多品类、不易储存等自然属性需要的同时，也要适应外部经济与社会环境的变化。

农产品物流为了不断满足经济环境与消费发生的新变化与趋势，保证运输时间与运输质量，需要不断优化自身的服务组织方式与模式，多样的物流模式、多元的物流供给主体、组织化的物流环节构成我国现有的高效农产品物流服务。我国经济发展水平获得快速发展，居民的消费结构与消费需求发生了重要的变化，从满足温饱开始寻求更加优质、安全的农产品，消费需求更加多元化、精细化，同时，信息科技水平的快速发展对物流服务行业提出了更高的要求，更高效的物流速度、更加优质的配送服务能提供更加新鲜安全的优质农产品。

1. 以农产品批发市场为中心的物流模式

农产品批发市场既是我国农产品流通的传统渠道，也是农产品流通的主渠道，是连接农村与城市、生产与消费的重要媒介，实现农产品物流、中转、集散的重要载体。在以农产品批发市场为核心的物流模式中，农产品批发市场的上游直接面对大量的农业生产者，下游对接终端的消费者，农产品批发市场自身也具有多级的完备流通体系。按照地理位置，农产品批发市场可分为产地市场与销地市场；按照流通环节，农产品批发市场可分为一级批发市场、二级批发市场和农贸市场等；按照交易类型，可分为综合性批发市场与专业性批发市场。在农产品批发市场有限的空间里实现了大量的物流、商流、信息流与资金流的传递与交换，这些信息能够在农产品批发市场中有机结合起来，实现大宗农产品流通与周转，并产生巨大的经济效益。

由图 5-8 可知，2019 年我国农产品批发市场的数量为 4037 个，在 2000年我国农产品批发市场的数量仅 3000 个，2000~2019 年中国农产品批发市场数量经历了一个快速扩张，然后逐渐减少并逐步稳定下来的趋势，2012年农产品批发市场的数量为 5194 个，是 2000 年的 1.7 倍。随后政府开始加强市场的整体的规划与布局，市场的优胜劣汰使经营不善的市场自然退出，目前来说，农产品批发市场的数量进入稳定发展时期。

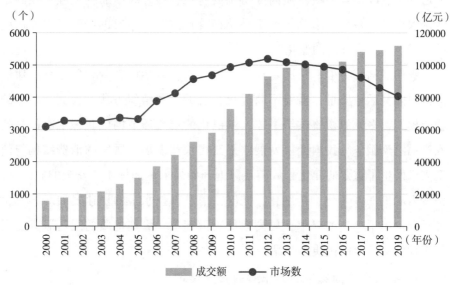

图 5-8　2000~2019 年中国农产品批发市场数量及交易额

资料来源：《中国商品交易市场统计年鉴 2020》。

随着信息技术的发展，农产品批发市场的流通功能可以脱离场地的限制，直接从产地运至下游农产品批发市场。农产品从产地或产地市场直接运至更接近消费终端的二级批发市场，无须在一级市场进行交易，这种方式可以大大减少流通环节，降低流通成本。农产品批发市场的转型发展不仅仅是基础设施、卫生环境的改善，还需要适应当前新技术、新模式、新趋势转变自身经营模式，不断适应市场的变化。以批发市场为中心的物流模式如图5-9所示。

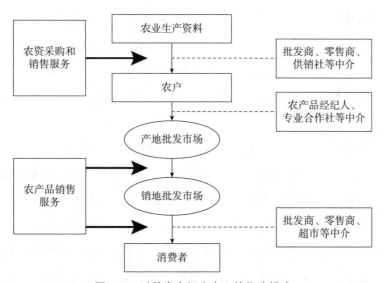

**图 5-9 以批发市场为中心的物流模式**

农产品批发市场在保证农产品周转集散的同时，服务功能在不断拓展延伸，以农产品批发市场为中心的流通模式涵盖了更多的服务对象与服务功能。功能完备的农产品批发市场需要承担批发交易、仓储保管、冷藏冷冻、流通加工、包装配送、质量安全检测等基本服务职能。农产品批发市场对接上下游资源，充分发挥其资源信息优势，搜集价格数据，建立农产品价格指数，指导生产端农户的生产行为，避免谷贱伤农；引导生产端实现生产、分拣、包装、运输等的标准化，便于农产品直接入场交易，减少市场内的垃圾处理，保证农产品质量安全，带动产销两端共同发展。

### 2. 以加工企业为中心的物流模式

以农产品加工企业为核心，直接或通过合作社、生产基地与农户签订合作协议，自己组织物流运作，从而把农产品通过批发商、零售商、直销网点或自建零售网点送到消费者手上。有些农产品加工企业对农业生产者提供除了农业生产之外的所有农业生产资料或服务，包括产前服务、产中产品加工服务和产后销售服务。农产品加工企业出于对农产品品质的要求，会从生产源头把控各种生产投入品的使用量及使用品类，对整个农业生产流程进行规范化管理。农业加工企业可能直接对接农资公司，确定种子、化肥、农药等农资原料，并在整个种植环节提供全环节的技术指导，严格控制化肥、农药等的用量、频率及使用时间。在加工与销售环节，农产品加工企业提供收购、分拣、存储、包装、运输等服务，并负责最终的市场销售。

农业龙头企业是以加工企业为中心流通模式的典型代表。龙头企业通过各种利益联结机制与农户相联系，带动农户进入市场，使农产品生产、加工、销售有机结合、相互促进。通过对初级产品的加工、保鲜、包装等流通加工，提高农产品物流的组织化程度，提高农产品的附加值。龙头企业有助于提高农产品流通方面的组织化程度，组织化程度的提高有利于农产品物流主体有效地收集、处理市场信息和技术信息，同时能够对农户的生产进行有针对性的指导，因此，有利于调整农村产业和产品结构，提高生产技术水平（孙静，2011）。

龙头企业可以直接对接农户、批发商、零售商，缩短流通链条，提升谈判话语权。农产品加工企业对农业生产者提供除农产品生产外的一切服务，包括物流服务和金融支持；由于农产品加工企业构建的物流平台、信息平台、销售平台进一步缩短了生产者和消费者之间的时间与空间距离，产销一体化初步形成，流通环节进一步减少，物流效率得到提高；农产品加工企业与农民签订订单合同，收购农产品，再经过加工包装，配送给农产品零售商，整个过程中农户不需要考虑农产品的销售，生产者的市场风险进一步降低，但对农产品生产者的素质要求有所提高（罗兴武，2012）。以农业加工企业为中心的物流模式如图5-10所示。

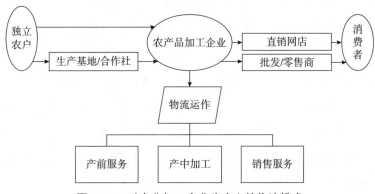

**图5-10　以农业加工企业为中心的物流模式**

### 3. 农产品第三方物流模式

第三方物流是指既不是生产者也不是消费者，而是独立于供给方与需求方之外，专门从事农产品储运与流通加工的专业化组织。第三方物流组织可以充分发挥其专业优势与网络资源优势，提高农产品的流通效率与流通质量。

随着市场化程度的提高，第三方物流组织的出现是行业分工更加精细化、专业化的必然结果。第三方物流可以利用网络资源优势和资金实力，充分利用各地区尤其是农村地区的物流基础设施、农村生产生活方式等，建立符合物流网络布局需要、适应农产品中转的物流中心或配送中心，并与城市物流网络相衔接，建立起完善的农村物流网络。第三方物流企业与农资生产者、加工企业、零售商等建立合作关系，物流企业提供一体化物流服务，其他企业负责生产、加工、销售以及其他服务，通过合同规定每个企业在生产、销售、服务、利益分配和风险分摊等方面的权利和义务，共享利益、共担风险，使农资生产对接现代化大市场、大流通的新型农资供应链管理模式（魏勇军，2014）。

第三方物流企业可以提供专业的物流服务。对于农业生产者或农产品销售主体而言，农产品物流是其主营业务下的支撑服务活动，如果自己独立运营物流服务，为了提高流通效率可能需要投入大量的资金进行基础设施建设或网络网点布局，这可能会造成资金投入过大，影响其主要业务的发展运营。第三方物流企业可以充分发挥其专业化的市场竞争力，将资金直接投入与物流配送相配套的运输、仓储、配送等基础设施建设中，提高其软硬件设施的自动化、信息化水平，从而提升服务水平。第三方物流企业可以充分利用其客户资源、物流资源和运营能力，扩大物流企业业务规模，提升规模效益，为农产品提供从生产单位到最终消费者过程中的运输、仓储、制冷等基本物流服务，更对整个供应链各物流要素之间的系统性、有机性进行整合，设计、实施和运作一整套便捷的分销和物流系统。

第三方物流企业可以通过整合物流资源，降低物流成本。第三方企业通过规范化、专业化的操作设施与操作流程，从仓储、运输、包装、装卸等各个专业环节使农产品得到恰当的处置，保证产品质量，减少产品损耗。还可以利用其完善的网络网点设置及货物载配能力，实现各节点网络的共同配送，降低农资的单位运输成本。有些第三方物流企业发挥信息媒介作用，依托其物流信息系统，搜集各地的农产品供求信息，为购销双方提供产品供求信息。

通过第三方物流的方式降低生产者或流通主体的经营风险。随着科技的迅速发展，物流基础设施及其相关及技术装备更迭速度大大提升，如果在运营过程中出现物流设施的需求波动，可能造成内部物流资源的闲置，出现投资风险。利用第三方物流企业的供应链运输与配送网络，快速响应各方的需求，提高存在周转率，减少库存积压量，分散生产者的经营风险，有助于农产品生产者或企业聚焦主营业务。以第三方物流为中心的物流模式如图5-11所示。

4. 第四方物流模式

随着信息技术的快速发展，电子商务已经渗透到各行各业之中，农产品电商也应运而生，成为农产品销售的新兴销售渠道，由于第三方物流缺

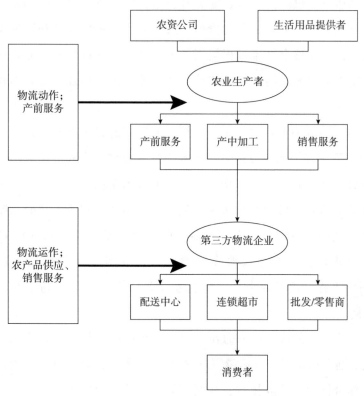

**图 5-11　以第三方物流为中心的物流模式**

乏对企业物流系统的决策规划，缺乏对整个物流系统及供应链进行整合规划所需的技术战略知识，无法有效解决电子商务环境下的物流瓶颈，所以需要发展一种新的能够为物流系统提供战略决策的，由服务商参与、规划并整合的物流系统，于是，第四方物流便应时而出。

第四方物流是在第一、第二、第三方物流概念基础上提出的。第一方物流指交易双方的卖方自己去送货，交付给买方，最后完成交易；第二方物流指交易双方的买方在交易之后自己去取货；第三方物流指由买卖双方之外与本次交易无关的一方，在买方、卖方双方商业交易之后将货物送达给购货的一方，由第三方送货上门。

第四方物流是一个供应链集成商，能调集和管理组织自己的以及具有互补性的服务提供商的资源、能力和技术，以提供一个综合的供应链解决方案，从而为顾客带来更大的价值。第四方物流不仅控制和管理特定的物流服务，而且对整个物流过程提出策划方案，并通过电子商务将这个过程集成起来，为顾客提供最佳的增值服务，即迅速、高效、低成本和人性化服务。

第四方物流为客户提供了一个综合的供应链解决方案，并且集成了管理咨询和第三方物流服务提供商的能力。它通过供应链再建、功能转化和业务流程再造，将客户与供应商的信息和技术系统一体化，使整个供应链规划和业务流程能够有效地贯彻实施。由于第四方物流关注的是整条供应链，而非仓储或运输单方面的效益，所以通过基于整个供应链之上的物流规划和设计，可以有效地降低物流运营成本，提高各方（第三方物流、网络工程、电子商务、运输企业及客户等）的资产利用率，实现多方共赢。

第四方物流的核心竞争力在于对整个供应链及物流系统进行整合规划的能力，也是降低客户企业物流成本的根本所在，能够较好地规避第三方物流在综合技能、集成技术、战略规划、区域及全球拓展能力等方面存在的明显局限性，可以通过影响整个供应链，整合最优秀的第三方物流服务商、管理咨询服务商、信息技术服务商和电子商务服务商等，为客户企业提供个性化、多样化的供应链解决方案，为其创造超额价值。

### 三、消费结构升级助推冷链行业迅速发展

1. 冷链行业进入有序化、规范化发展阶段

农产品冷链物流的发展关系到农业生产经营方式的升级、农业生产与现代化大流通及城市大市场的有效衔接。2013 年中央一号文件着重强调推动冷链物流行业发展，这体现了国家对冷链物流行业发展的重视，之后国家及相关部门针对性地出台了一系列的细化措施，从各个维度指导推动冷链物流行业的健康发展。

随着生活水平的提高，居民对农产品品质提出了更高的要求，冷链能够有效提升农产品的运输品质，尤其是对生鲜农产品能够发挥重要的作用，尤其是具有易腐性、不易存储等特点的农产品，冷链物流的发展能够较好地弥补现有传统农产品物流的短板，提升农产品的运输质量，但是实际上我国冷链物流无论是从数量上还是质量上都很难满足现有国内消费者的需求，我国冷链物流行业起步晚，基础设施薄弱，"断链"问题突出，耗损率居高不下，英国、美国、加拿大、日本、韩国、新加坡等发达国家冷链物流行业发展较为成熟，利用冷链设施，农产品可以获得较为适宜的运输与保存温度，大大减少农产品的耗损率，据统计，目前我国农产品的耗损率是发达国家的 5~10 倍。

随着政府日益关注冷链物流行业的发展，先后出台一系列的政策措施与方案规划不断提升农产品冷链行业的发展，建立适应我国国情的冷链物流体系。得益于国家政策的有效推动，经过多年的发展，我国冷链物流行业具备了一定的基础，冷链基础设施不断完善，冷链信息技术水平不断提高，冷链行业科技研发投入不断增长，行业发展新模式、新业态不断涌现，整个冷链行业发展质量不断提升。近几年，国家及各省市冷链行业发展的主要政策方向在于加强农产品冷链物流体系建设、建立农产品物流骨干网络和冷链物流体系、发展冷链物流新模式、发展第三方冷链物流全程监控平台、补齐"最先一公里"冷链物流短板等方面，这些措施能够降低生鲜农产品在物流运输过程中的损耗，提高我国冷链物流企业的运作效率，促进我国农产品冷链行业的良性发展。

**2. 消费升级助推冷链物流需求持续增长**

居民消费结构的变化给冷链行业发展带来重大机遇。随着居民消费水平的提高，饮食习惯也随之发生变化，粮食消费逐步减少，肉类、禽蛋类、奶制品等富含蛋白质的农产品的消费量逐步提高，如图 5-12 所示，以肉类、水产品为例，2014 年人均消费量分别为 25.6 千克、10.8 千克，2019年达到 26.9 千克、13.6 千克，这几类产品的平均增长率达到 22.6%。相比之下，人均粮食消费量在持续减少，从 2014 年到 2019 年减少 7.7%。肉蛋等农产品进口量也持续上涨，2019 年冷冻冷藏水产及肉制品进口量上涨至 1000 万吨左右，水果、蔬菜、水产品等农产品的总产量达到 12 亿吨。

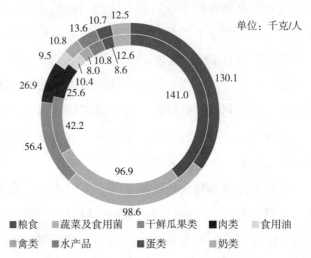

图 5-12　2014 年（内）与 2019 年（外）中国农产品消费结构变化

资料来源：《中国住户调查统计年鉴 2020》。

冷链物流可以提升生鲜农产品运输品质，降低农产品的耗损率。冷链物流技术的发展能够为农产品提供全流程的保鲜技术，为农产品提供最优的保鲜温度，减缓农产品的腐败变质，冷链为农产品运输提供专业运输工具，在一定程度上减少了农产品的磕碰，避免了耗损，冷链的发展满足了当下消费者对高品质农产品的需求。随着全球农产品进出口贸易的发展，冷链的生产、加工与消费链条不断被重塑，全球性需求不断增加，尤其是生鲜电商行业的发展，为农产品冷链提供了巨大的发展空间。2014~2019 年我国农产品物流规模保持稳定增长，2016 年、2017 年、2018 年都保持了较高的增长率，如图 5-13 所示。

3. 冷链基础设施进一步完善

中央出台相关政策，推动冷链基础设施建设。相对于欧美等发达国家，我国冷链物流行业发展相对滞后，主要原因是冷链基础设施的投入不足，

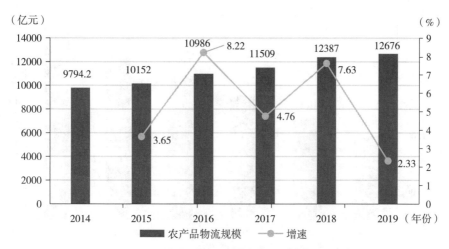

**图 5-13 2014~2019 年中国农产品物流规模变化及增速变化**

资料来源：国家统计局、农业农村部、智研咨询整理。

冷链基础设施发展的建设严重滞后。随着冷链市场的需求进一步扩大，中共中央加大了对冷链物流行业发展的支持力度，中央及国家部委连续多年出台促进冷链发展的政策文件，加强农产品冷链基础设施建设，健全农产品冷链物流体系，发展第三方冷链物流监控平台，发展冷链物流新模式，冷链物流行业发展的标准与规范也陆续出台。国内冷链物流规模也不断扩大，如图 5-14 所示，2019 年国内冷链物流规模达到 3391 亿元，是 2014 年的 2.28 倍，2014 年仅为 1486 亿元。冷库容量不断提升，2019 年全国冷库容量为 6053 万吨，新增库容 815 万吨，同比增长 15.5%，是 2014 年冷库库容的 1.63 倍，如图 5-15 所示。冷链基础设施的发展为冷链物流行业的发展提供了稳定的物质基础，随着居民消费水平的提高，对生鲜农产品的需求量与品质提出了更高的要求，冷链行业迎来了重要的发展机遇。

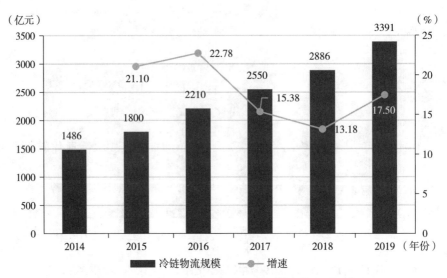

**图 5-14 2014～2019 年中国冷链物流规模变化及增速变化**

资料来源：中国物流与采购联合会冷链物流专业委员会网站。

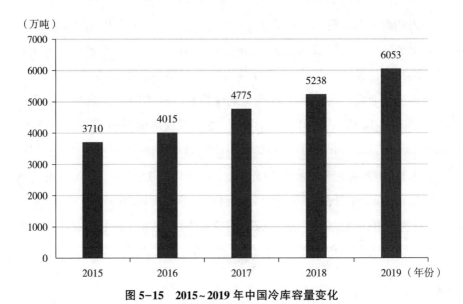

**图 5-15 2015～2019 年中国冷库容量变化**

资料来源：中国物流与采购联合会冷链物流专业委员会网站。

# 第四节　农产品供应链终端销售渠道更加丰富

## 一、以连锁超市与农贸市场为代表的传统渠道试水信息化转型升级

连锁超市与农贸市场是传统的终端销售渠道，也是直接面对终端消费者的重要流通媒介。在 20 世纪 90 年代超市进入中国市场之前，农贸市场是农产品销售的主要渠道，农产品由上级批发市场采购后直接进入农贸市场销售，本地农户可以将自家种（养）植的农产品带入市场进行销售，但由于缺乏统一管理，部分农贸市场污水横流、管理混乱。相比之下，超市有着更加干净卫生的购物环境，地理位置更加贴近消费者，使得超市在进入中国市场之后快速发展壮大，成为消费者购买农产品的重要场所。

随着信息化水平的提升，加上电商平台等对农贸市场与超市的冲击，传统的终端消费渠道也开始寻求信息化升级转型。目前超市与农贸市场进行信息化升级的方式主要有以下几种：

（1）自建或加入第三方平台为居民提供配送服务。大型连锁超市发挥自身实体门店优势与靠近消费者的距离优势，为消费者提供宅配服务。居民可以通过 APP 或微信小程序等方式下单，超市雇用第三方配送平台将产品配送到消费者手中。这种方式配送时间短，能够满足当前居民消费形式的变化需要，在一定程度上提升超市的销售量。例如，沃尔玛超市等自建购物平台依托门店优势，就近配送；多点（DMALL）作为专业数字零售服务商，是重要的到家服务的第三方运营商，2020 年底 120 多家连锁商超与多点合作，覆盖全国 13000 家门店，成为较为成熟的到家宅配第三方服务平台运营商。

（2）智慧农贸。利用互联网、物联网技术，与农贸市场的实际业务相结合，实现智慧市场管理、商户商品信息公示、商品安全现场检测，还可

以通过线上联网进入数据中心进行溯源监测等，形成一定可视化的信息化农贸市场建设。借助现代互联网技术，实现传统农贸市场向新角色、新趋势、新价值的成功转变。新角色即从传统单一的物业管理转变为以经营为核心的统一管理；新趋势即从供应链强化转向社会资源整合的全面发展；新价值即实现惠及市场方、商户、老百姓、政府的多元价值。

## 二、社区电商

社区电商不仅为消费者提供优质产品，更重要的是提供服务。社区电商其实考验的是平台服务商们的综合能力，过于单一的服务不仅对用户来说在使用效率上大打折扣，还让自己很难实现实质性的突破。社区电商实际上卖的不是商品而是服务，只用满足更丰富的需求，提供更优质的服务。社区电商的主要模式有以下几种：

（1）O2O 模式。O2O 电子商务模式是指将线上 Online 与线下 Offline 商务机会在互联网的运作下相互融合的商务模式，通过线上购买带动线下经营和消费。在生鲜电商领域，受成本因素和物流因素的影响，O2O 模式成为目前生鲜电商平台升级的重点。在此类模式下，各平台致力于打造以消费者为主导的生鲜电商平台，产品包括果蔬、海鲜肉类、零食等全品类。并在部分城市建立以城市分选为中心和以社区配送为中心的冷链物流体系，提供两小时内送货上门服务。

这是目前农产品社区电商采用的主要模式，企业可以通过自主研发APP 或是加入第三方平台向消费者提供这一功能，通过外包配送服务或自建配送团队进行商品配送。货物的收取方式也更加灵活多样，可以直接送货上门，也就是宅配，消费者可以在规定的时间内获得在社区电商平台购买的商品；智能快递柜 24 小时营业可以解决消费者无法及时取货的问题，可以根据自己的需要随时取货，这种收货方式更加灵活，这种方式也对自提柜提出了更高的要求，必须具有生鲜品存储功能，在保证配送效率的同时保证生鲜农产品的新鲜度；此外还设置自提点，消费者去社区便利店或自提点自提，社区便利店普遍都是 24 小时营业，更加贴近消费者，除了满足日常消费品的购买需要，还能够提供更多的增值服务，收寄货品成为增值服务的重要方式，进一步增加便利店与消费者之间的紧密度，实现两者的双赢。

（2）前置仓模式。与物流行业的前置仓模式类似，在社区电商中以店为仓，将货物提前采配存放至仓库中，这个仓库的区位选择主要考虑建设在各个社区"三公里"范围内，保证配送人员能以较快的速度将商品从前置仓库运送至指定地点。与传统模式相比，前置仓模式更加贴近消费者，可以有更快的响应速度和更高的配送效率。

前置仓模式的典型代表是美团买菜、叮咚到家、每日优鲜等。前置仓作为一个独立的运营单元，只有密度达到一定规模才能真正发挥作用。以每日优鲜为例，目前在 20 多个城市设置前置仓 1500 个，叮咚买菜在上海、杭州、苏州等地开出了 435 个仓。前置仓模式的前期运营需要大量的资本，主要的费用来自于宣传推广费用、消费者的补贴，希望在短期内迅速积累大量用户，分担各个环节的成本，发挥规模效益。

（3）社区拼团模式。拼团团长是社区拼团模式运营中的关键环节。需要与平台商家确定在社区中推广拼团项目，并组建拼团微信群，分享、发布拼团信息。团长还需要积极发展新用户、引导社群裂变等。有的平台还需要团长负责拼团的收发货，包括提供自提点（仓库）、满足特殊配送要求等。消费者可以通过点击团长发的链接进入社区拼团小程序商城，与其他社区电商模式不同，社区拼团需要消费者去社区自提点或固定提点取货，送货上门更多的是一种增值服务而不是社区拼团的常规服务。

社区拼团模式的代表企业主要有兴盛优选、同程生活、考拉精选、十荟团等，社区拼团模式的优势主要有以下几方面：一是可以熟悉社区内消费者群体分类、消费习惯等，同一社区的消费习惯具有共性，有利于平台商家维持长期稳定的经营环境，方便平台基于大数据进行精准推荐和精准促销；二是大大降低商家的资金周转压力，社区拼团采用的一般是预售拼团制，用户参与拼团需要先下预付款，这大幅减少了商家垫资囤货的风险。

### 三、新零售模式

在新零售的背景下，互联网巨头先后进入生鲜电商行业。以互联网为依托，通过运用大数据和人工智能等先进技术手段，对商品的生产、流通与销售过程进行升级和改造。将线上服务与线下体验相结合，创造出了一系列创新商业模式。新零售的代表有盒马鲜生、7FRESH、多点生活等，致力于运用大数据、移动互联网等核心技术为用户提供线上与线下一体化的生鲜消费体验。

新零售基于互联网思维和科技，通过整合线上、线下和物流，全面改革和升级现有社会零售，使商品生产、流通和服务过程更高效。新零售的概念是由阿里巴巴马云在 2016 年阿里云栖大会上首次提出的。盒马鲜生作为新零售生鲜电商代表平台，集超市、餐厅功能于一身，将线上销售平台与线下实体店的商品、服务相结合，提供三千米免费配送的附加服务，为消费者提供了更多样的消费体验、购买、支付结算方式。这种新零售模式将传统生鲜零售渠道优势、餐厅体验优势和生鲜物流配送服务优势相结合，打破了传统门店服务单一化的限制，建立了高品质、紧凑的消费场景。有效地降低了时间成本，减少了供应链环节，不断深化"及时尝鲜"的生鲜消费观念。盒马鲜生的成功起步推动了其他生鲜电商平台（如7FRESH、永辉超市）的关注与效仿，丰富了中国生鲜电商O2O新零售模式的多样化创新形式。

# 第五节　农产品供应链新业态新模式

## 一、农产品电子商务

电商行业一直呈现着迅猛的发展态势，2005 年后生鲜农产品开始逐渐采用电子商务模式，2012年后随着大量资本进入生鲜电子商务行业，农产品电商获得了快速的发展。中国电子商务研究中心数据显示，2019年中国生鲜电商市场的交易规模已突破了2000亿元，超过9000余家电商企业从事农产品电商业务，截至2019年6月，月活用户超过4000万，用户黏性持续提高，线上生鲜消费习惯正在养成。2018~2020年，生鲜电商行业的增长速度分别为41.2%、39.9%和36.3%。目前，中国生鲜电商平台的商业模式可以分为以下几种：

（1）以全品类发展为导向的综合电商平台，以淘宝、京东、亚马逊为主。由于这类电商平台的目的是做全品类，必然会涉及生鲜领域。虽然生鲜在短期内难以达到盈利，但通过从事生鲜行业可以增加客户对平台的消费黏性，吸引更多消费者购买平台相关产品。其经营模式主要是为各中小生鲜厂家提供平台，并由入驻的厂家自行负责配送。

（2）专门从事食品零售的垂直类电商平台，以中粮我买网、沱沱工社、易果网为代表。这类平台主要将自己的目标客户设定在某一个或某几个城市，具有明显的区域特征。同时，主要为消费者提供高端、优质的生鲜产品。这类企业与综合电商平台相比，更擅长运营，聚焦用户，满足目标客户的深度需求。

（3）依托自身系统优势发展线上生鲜服务的传统线下超市。以多点、永辉超市为主要代表。这类生鲜电商平台的优势是利用网上宣传，在门店辐射范围内进行配送，进而减少成本，缩短配送周期。同时，很多超市的选址都在居民区附近，不仅方便消费者进店采购，也促使这类生鲜电商平台流量不断增大。

（4）在新零售背景下的线下新兴业态，以盒马鲜生、超级物种为主要代表。主要利用了消费升级背景下的新零售模式进行探索，将线上数字化运营与线下门店全新体验相结合，满足消费者的多样化需求，增强用户体验感。

在新零售快速发展时期，供应商与零售商正在建立一种"新零供"关系。零售商和供应商各司其职，零售商负责渠道建设、客户体验和服务，供应商专注做好商品生产研发、提供最具性价比的商品。这样的生态下，消费者也能够得到更多生活实惠，足不出户优质生鲜产品就能被送至家门端上餐桌。

目前，以上几种电商平台运营商业模式已经发展得较为成熟，形成了稳定的生产、流通、销售供应链模式，每种商业模式有各自的特点与优势，如表 5-1 所示，消费者可以根据自身消费需要进行有针对性的选择。

表 5-1　国内主要生鲜电商平台发展优势分析

| 运营模式 | 代表企业 | 优势分析 |
| --- | --- | --- |
| 综合电商平台 | 天猫、京东 | 已经建立具有较强平台粘性的消费者群体；供应链强大，具有明显的流量优势 |
| 垂直电商平台 | 中粮我买网、沱沱公社 | 目标客户清晰，客户群体定位明确；专业化程度高 |
| 传统线下门店转型 | 永辉超市、多点 | 实体门店靠近消费群体，具有突出的区位优势；线上宣传带动线上销售 |
| 线下新兴业态 | 盒马鲜生、7FRESH | 线下门店增强用户体验；线上数字化运营模式 |

资料来源：中国生鲜电商行业年度综合分析 2018［EB/OL］.（2018-03-02）. https://www. analysys. cn/article/detail/1001196.

## 二、农超对接

农超对接主要是通过大型连锁超市或农产品流通企业直接与产地农民专业合作社对接，以"直供"或"直采"的形式完成农产品流通，减少其他中间流通环节，降低流通费用的一种不同于通过多级农产品批发市场流通的模式。该模式去除了生产地和消费地批发市场的介入，在某种程度上提高了流通的效率和收益，降低了流通的成本（卢奇等，2017）。通过推动超市利用自身在市场信息、管理等方面的优势参与农产品生产、加工、流通的全过程，提供生产技术、物流配送、市场信息咨询、产品销售等一整套服务，将农户的小生产与大市场有效地联结起来。不仅有利于建立农民与零售商之间稳定的购销关系，有利于对农产品生产进行全程监管，有利于降低农产品流通成本，提高农民收入，而且有利于超市和合作社建立自己的品牌，提高市场竞争力，形成共赢的农产品零供关系（姜增伟，2009）。

20世纪90年代中期之后，超市开始经营生鲜农产品。超市早期主要是以经营生活日用品为主，随着居民经济收入的增长，居民生活水平日益提高，超市的生鲜农产品经营实现了迅速的发展，在超市购买生鲜产品的比例逐年增加（何军等，2005）。超市作为销售终端具有稳定的客户消费群体，尤其是大型连锁超市具有丰富的经营信息水平、良好的社会信誉及较为雄厚的经济实力，可以及时向农民专业合作社反馈消费端的需求建议，实现业务流程的融合与信息的互联互通，直接推动农产品生产、加工、包装等流程的标准化和农产品质量安全的规范化。农民专业合作社作为农业经营主体，克服农户小规模、分散种植的不足，实现规模化、标准化的生产与管理，与此同时，伴随农民合作社的规范化发展，品牌化意识逐步增强，积极开展"三品一标"（绿色、有机、无公害农产品及地理标志）认证，增强消费者对专业合作社农产品质量安全的信心。因此专业合作社与超市目标需求高度吻合，利益联结更加紧密，农超对接成为参与双方实现利益共赢的重要模式，如图5-16所示。

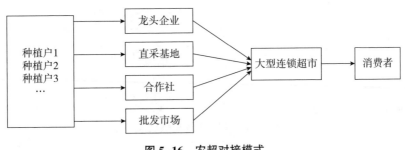

**图5-16 农超对接模式**

我国以超市为核心的农超对接型流通渠道大致可分为三种。一是"农户+合作社+超市+消费者"模式。该模式以家乐福为代表，农户通过合作社与超市对接，其优点是成本低，但需要第三方物流的介入。二是"农户+中介型农产品公司+超市+消费者"模式。该模式以沃尔玛为代表，农户通过农产品中介公司与超市对接。其中，中介公司负责农产品的质量、安全、包装以及物流，按订单对超市进行配送，其优点是损耗低，农产品质量安全有保障，但中介公司参与利润分配会增加超市的成本。三是"农户+基地+超市+消费者"模式。该模式以麦德龙为代表，通过基地与超市对接，基地可以发挥中介作用，一方面，基地获取超市对农产品的生产、分类、包装等方面的需求，另一方面，基地对农户的产品进行监督管理。

## 三、产地直采

产地直采模式最早被大型连锁超市广泛应用，生产基地或专业合作社根据超市采购商的要求进行农产品的生产、包装，在农产品"第一公里"实现标准化生产与加工，减少流通环节的损耗与运输时间。采购商通过大宗农产品采购能够较好地控制农产品的质量安全，发挥基地直采、区域采购协同作战的优势，保证货源稳定，降低分散采购的成本，对提升超市品牌信任度与企业形象发挥重要的促进作用。大型连锁超市的产地直采模式如图5-17所示。2020年京东到家联合沃尔玛、永辉、华润万家等超市共同成立"到家安心采购联盟"，商超的加入前提便是具备优质的直采供应链。

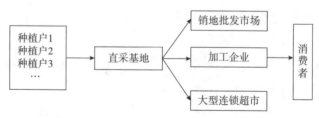

**图5-17 产地直供模式**

随着电子商务的迅速发展，产地直采模式受到电商行业的青睐。直采不仅能缩短供应链、提高供给效率，同时能够进一步带动消费，让生产者与消费者距离更近。随着更多的大平台、大资本深耕发掘下沉市场，如阿里、京东、苏宁易购、拼多多等，农产品的产地直采直供模式越发成熟完善，消费者可以通过电商平台直接下单，农产品可以像其他标准化工业产品一样通过快递送到消费者手中。

尤其是 2020 年，直播带货等新方式进一步促进了产地直供模式在农产品供应链中的应用。对于农民来说，自家的农产品进一步打开了销售圈，以前只能通过商贩才能卖给消费者，现在能够直接与消费者相连。网线两端连接餐桌与农田，农民节省了成本，消费者则可以用更低的价格买到新鲜的农产品。

## 四、订单农业

"大国小农"的现实国情是一直制约我国农业生产规模化、现代农业经营模式构建的重要因素。为了解决小农经营与现代大市场之间的矛盾，拉近农户与市场的距离，需要不断创新现代农业经营方式，加强农业经营主体的互动协作，强化农业生产者利益联结机制。党的十八大与十八届三中全会明确指出，推进家庭经营、集体经营、合作经营、企业经营等共同发展的农业经营方式创新，加快构建集约化、专业化、组织化、社会化相结合的新型农业经营体系。

在农业经营主体充分协作诉求下，订单农业成为一种农业经营模式的创新，促进农业产业化、规模化和市场化，是我国由传统农业向现代农业转型的战略选择。订单农业主要是以市场为导向，以合同、协议等契约为纽带，有机连接农业产业链两端，加强农业生产与市场的有效互动，避免农业生产的盲目性，推动农户调整生产结构，并使各农业经营主体尤其是农户分享到产业链拓展和市场扩大的成果。订单农业在丰富的农业经营实践中衍生出多种典型形式，如"企业+农户""专业批发市场+农户""合作社+农户""企业+合作社+农户""企业+基地+农户"等，有效地促成了农户与大市场的对接，实现了农户生产收益的增长。

在订单农业中不同的订单组织模式对契约稳定性的影响不同。

（1）"企业+农户"模式。通过双方签订远期农产品收购合同，农户可以提前控制交易成本，减少了农产品销售的价格波动风险，稳定了企业的原料来源，节约了市场交易成本，促进了农业产业化发展。然而，在我国农村信用机制尚不健全的背景下，契约的不完全性和缔约双方的机会主义行为导致了契约关系的脆弱性和较高的违约率（周立群等，2001；生秀东，2007；梅德平，2009）。

（2）"企业+合作社"模式。合作社是由农户联合而成的组织，代表农户的利益与公司进行谈判，可以有效提高谈判中的话语权，保护农民的利益。公司直接与合作社进行合作，可以降低组织协作的交易成本及对农业生产的监管成本。农产品是典型的非标品，农业生产过程中的标准化一直是我国农业生产的难点，通过合作社的组织化、规模化手段，为社员提供标准化、专业化的生产方式与技术指导，可以根据公司的订单要求提供产前、产中、产后全程的服务与指导，从流通"第一公里"上严格执行农产品品控，提升市场竞争力与话语权。与"企业+农户"模式类似，契约关系仍旧是比较脆弱的且有较高的违约率（刘凤芹，2003）。如果合作社负责人能力较强、发展比较稳定、经营收入比较高，将有利于分散小农户经营风险，最终的履约情况优于"企业+农户"模式，农户的生产经营风险也会大大降低。

（3）加入中介组织的订单农业模式。在"公司+农户"传统组织模式的基础上，逐渐发展了"企业+经纪人+农户""企业+生产大户+农户"等新型订单农业组织模式。加入的中介组织在一定程度上缓解了合同履行中的道德风险和机会主义行为，降低了交易成本，增强了企业与农户契约关系的稳定性。这些新型订单农业模式可以有效提高农户的组织化程度，具有组织内部成员的非正式的奖励机制和约束机制，能有效减少合作中的机会主义行为和可能出现的逆向选择，是我国现有订单农业组织模式变迁的重要发展方向（蒋东生，2004；郭晓鸣等，2007；蔡荣，2011）。

# 第六章

双循环背景下中国农产品进出口
特征和变化趋势

# 第一节　近期中国农产品进口的新特征

2018~2019 年，美国对中国的农产品出口减少，中国从世界其他国家进口的农产品持续增长。中国是目前全球最大的农产品进口国，超过了欧盟和美国，2019 年进口总额达到了 1331 亿美元。同时，中国农产品进口结构也在发生快速变化。大豆、玉米等大宗商品进口曾经占主导地位，但价值较高的消费者导向的农产品进口量正在快速增长，并在 2019 年首次超过了前者。中美经济贸易协定协议的第一阶段协议等其他因素带来的冲击，都给目前全球农产品贸易格局造成了较大影响。与此同时，中国农产品进口正在面临其他发展中国家越来越多的挑战。

人均收入和生活水平的提高、城市化进程的加速以及对食品安全的担忧都推动了中国的农产品进口，特别是 2001 年加入世界贸易组织以来，增速尤为明显。随着人均收入水平的提高，中国人的饮食结构也在发生变化，越来越多地消费肉类、奶制品和加工食品，减少粮食的消费量。2000~2019 年，人均禽肉消费量增长了 32%，人均大豆油消费量增长超过 4 倍，而奶制品的消费量增加了 3 倍以上。

受到国内土地资源相对紧缺的限制（人均耕地面积不到美国的 1/5），在加入世界贸易组织的第一个十年中，中国大幅增加了土地密集型大宗农产品的进口量，包括大豆、高粱和棉花等大宗商品。中国生产了国内消费的绝大部分肉类，饮食结构的变化促使中国将土地资源大部分用于饲料生产。然而，随着需求的快速增长，国内饲料供给仍然无法满足，使得大豆和其他饲料原料的进口快速增长。

然而在 2012 年前后，中国大宗农产品进口的价值量达到了转折点，此后逐渐停止了增长。这种变化趋势与这一时期中国经济增速的放缓吻合。此后几年大豆进口基本持平。由于中国实施棉花价格政策，棉花进口价值量从 2012 年最高峰的 119 亿美元急剧下降。通过最低收购价政策提高农民收入，也导致了国家收储的小麦、玉米和稻谷数量快速增长。2014 年以来，中国的玉米库存已超过全球总库存的 60%。近年来，为了去玉米库存，政府一直在进行低于收储价格的拍卖。这些政策与其他增加国内玉米使用的政策一道减少了玉米和玉米替代品的进口。同时，还出台了更进一步的政策，限制了国内饲料加工企业对进口饲料的使用，但中国的粮食进口量在 2020 年出现了反弹。

2012 年以来，中国对加工农产品的进口量有所下降。棕榈油、大豆油进口量下降最多。棕榈油和大豆油进口量的下降部分是由国内加工能力的过剩和供应过剩导致的。随着全球皮革需求的下降，中国对用于服装和汽车行业生产的进口皮革的需求也有所减少。此外，部分服装行业已经从中国转移到东南亚地区，进一步减少了中国对皮革的需求。

相比之下，肉类、乳制品和蔬菜水果等消费导向型的产品进口持续增长。需求快速增长，国内供给增长缓慢，以及饲料、劳动力、土地成本升高都推动了国内肉类和奶制品价格上涨，使得进口肉类变得更有竞争力。2019 年各种肉类价格上涨，食品价格整体急剧上涨又推动了肉类进口。中国是世界上最大的猪肉进口市场，2019 年进口额达到了 64 亿美元。欧盟和美国是中国最大的肉类供应商，市场份额分别为 63% 和 16%。巴西直到 2016 年才开始向中国出口肉类，但很快就成为中国的第三大肉类进口来源，其市场份额达到了 9%。

由于消费的快速增长和国内牛肉生产的增长非常有限，中国大量进口牛肉以满足国内需求。2012 年以来，牛肉和牛肉制品的进口呈指数增加，年均增长率超过 48%，使中国超过了美国成为全球最大的牛肉消费市场。2019 年牛肉进口额达到 84 亿美元。最主要的进口来源是巴西、澳大利亚和阿根廷，分别占中国牛肉进口的 25%、21% 和 21%。

中国还是全球最大的乳制品进口市场，2019 年进口额达到 120 亿美元。由于过去人均乳制品消费量较低，中国乳制品消费增长较快，成为全球最活跃的乳制品市场。目前，中国年人均乳制品消费量为 35 千克，而西欧国家则达到 300 千克。超高高温预包装牛奶和全脂奶粉是中国乳制品进口的主体，但近年来真正驱动乳制品进口增长的是婴儿配方奶粉。2012 年，中国降低了婴儿配方奶粉的进口关税率，从 10% 降到了 5%。两年后，批准了跨境电子销售渠道，消费者可以直接以较低的关税率从国外购买奶粉。2014 年以后，婴儿配方奶粉的进口量出现了飞速增长，而其他奶粉产品进口则不断下降。2008 年婴儿配方奶粉占中国奶制品进口的 28%，到 2019 年，这一份额提高到 45%。中国最主要的乳制品进口来源是欧盟和新西兰。欧盟在中国婴儿配方奶粉市场上占据主导地位，市场占有率达到 45%。中国与新西兰的自由贸易协议扩大了新西兰乳制品在中国市场的销售，其市场占有率达到 40%。

对健康食品需求的不断增长，推动了水果和坚果的消费和进口。中国是全球第三大新鲜水果进口国，2019 年进口额达到 86 亿美元。榴莲、车厘子和香蕉占所有新鲜水果进口额的近一半。泰国、智利和越南是中国新鲜水果进口的主要来源。中国消费者越来越意识到坚果的益处，使坚果进口量快速增长。2001 年以来，中国的坚果进口量一直保持年均 26% 的速度增长，2019 年进口额达到 28 亿美元。美国是中国坚果进口最大的来源，市场份额为 30%，其次是澳大利亚（14%）和越南（12%）。

美国曾经是中国最大的农业进口来源，但随后被巴西超越，最近又被欧盟超过。巴西对中国的出口中约 85% 是大豆，但巴西的肉类出口量也增长迅速。中国从欧盟进口的农产品超过 80% 都是消费者导向的产品，主要是乳制品和猪肉，其他主要进口来源是澳大利亚和新西兰。

# 第二节　美国对中国的农产品出口

1990 年开始，中国放松了对土地密集型和作为工业原料的农产品的进口限制，使美国对中国的农产品出口快速增长。近年来，中国畜牧业的发展受到土地资源禀赋的制约，但消费者对肉类的需求仍不断快速增长，导致中国的农产品进口从进口原材料转向了进口肉类、奶制品和其他制成品。2012 年美国对中国的农产品出口达到 259 亿美元的峰值，占 25% 的市场份额。此后，这两个数字一直在下降。美元的持续坚挺、与国家进口标准的不符以及中国多元化的农产品进口来源都导致了这一下降趋势。2017~2019 年美国农产品在中国的市场份额下降了 9 个百分点，降至 10%，达到 20 年来最低水平。

畜牧业饲料生产所需的原料是美国对中国农产品出口的主体。2001 年以后，大豆占美国对中国农产品出口的 50% 以上。但是与在巴西大豆的竞争下，美国大豆逐渐失去了优势。同时，巴西在持续地扩大大豆种植面积，并维持有利的汇率以保持竞争力。2013 年巴西超越美国，成为中国最大的大豆进口来源。近年来，巴西大豆的产量超过了美国。2018 年以来，中国大豆需求的增速降低，竞争的加剧和需求的放缓降低了美国对中国大豆出口的增速。其他产品的出口在 2012~2016 年增速较快，如高粱、玉米酒糟、饲料，但在 2017~2019 年出口增长停滞，主要是由于中国玉米去库存减少了粗粮的进口量。2020 年中美经贸谈判第一阶段协议生效后，中国取消了粮食进口关税，使美国的高粱出口量出现了反弹。

棉花和皮革占美国对中国农产品出口的很大一部分。中国拥有全球最大的纺织和皮革制品行业，这些行业大量出口服装和皮革制品并满足日益增长的国内需求。然而，由于越来越多地应用合成材料或人造材料，全球对棉织品和皮革制品的需求放缓，中国对进口棉花和皮革的需求也随之减少。

与大宗商品进口相比，从美国进口的面向消费者的农产品维持了增长趋势，特别是肉类、坚果和加工食品。在过去 10 年中，美国向中国出口的猪肉和猪肉制品增长了 5 倍多。尽管中国政府多次禁止从美国进口用添加剂莱克多巴胺饲养的猪肉和猪肉制品，但近年来猪瘟的发生和严格的环保规制造成中国猪肉产业周期性波动加剧，导致国内生猪价格上涨和从美国进口的增加。自 2017 年重返中国市场，美国牛肉出口量稳定增长。2010 年后，美国对中国的坚果出口量增长了 300% 以上，主要是由开心果和杏仁进口增长产生的。美国对中国的加工食品出口量增长了近 4 倍，主要得益于中国消费者对速食食品、糕点和冲调饮品需求的快速增长。

乳制品是消费者导向型农产品出口增长的一个例外，近年来经历了多次挫折。2009~2013 年，美国对中国乳制品出口增长迅速，以脱脂奶粉和乳清为主。2014 年，中国发布了第 145 号法令，明确了海外制造商的注册要求，要求食品制造商严格遵守中国的食物标准、法律和法规。由于美国食品和药品管理局通常没有考虑国外标准，无法满足中国的要求，2014~2017 年中国停止了所有美国乳企的注册资格。2017 年中美双方签署谅解备忘录解决了这一问题，当年美国对中国的乳制品出口出现了反弹。最近两年美国乳制品市场的份额从 2017 年的 7% 下降到 2019 年的 4%。但与 10 年前相比，2019 年美国对中国的乳制品出口额仍然增长了 58%。

# 第三节　中美经贸谈判的影响

2020 年 1 月 15 日，中美经贸谈判签署第一阶段协议。尽管外在因素导致大量经济活动停止，家庭收入和支出下降，但是食品支持保持了足够的弹性，消费者可以通过电子购物平台而非传统零售渠道购买食品。与 2019 年同期相比，2020 年第一季度家庭食品支出实际上增加了 2%。2020 年 1~7 月中国农产品进口额比去年同期增长 124 亿美元，比 2017 年同期增长 195 亿美元。

2020 年第一季度中国进口额缓慢增长后，4~7 月美国对中国农产品出口超过了季节性趋势水平。但是 1~7 月美国对中国的农产品出口比 2017 年同期低 16%（或 13 亿美元），主要是由于大豆出货滞后。大豆出口有所加速，同时谷物的销售和出货也有所增长。

2020 年初至今，美国对中国的以消费者为导向的农产品出口超过 2017 年 1 倍多，特别是猪肉出口创历史新高。随着猪瘟持续影响国内猪肉价格的提高，中国的猪肉和猪肉制品进口增长超过 3 倍。欧盟和美国抓住中国猪肉市场进口增长的机会，巴西设法将其市场份额从 2017 年的 3% 扩大到 2020 年的 10%。随着国内牛肉价格与猪肉价格同步上涨，牛肉的进口也随之增加。南美洲、澳大利亚和新西兰占到中国牛肉进口的大部分，巴西甚至达到了牛肉出口的最高值。

贸易数据显示，美国对中国的农产品出口面临的最大障碍是日益激烈的国际竞争，特别是来自巴西的竞争。2020 年上半年，巴西对中国的大豆出口创历史新高。中国继续对美国农产品实施关税减让政策，促进美国农产品的进口。同时，增加了美国具有资质出口企业的数量，使更多的美国企业能够向中国出口牛肉、猪肉、禽肉、海鲜和婴儿配方奶粉等。

随着中国经济的恢复，2020 年 7 月工业产值比去年同期增长 4.4%，实现连续第四个月增长。世界银行预计，2020 年中国的国内生产总值（GDP）增长 1.0%。摩根士丹利（Morgan Stanley）和牛津经济研究院（Oxford Economics）等组织则预测，中国经济 2020 年增长 2.0%~2.5%。与此相反，世界银行预测新兴市场和发展中经济体的 GDP 将下降 2.5%，而发达经济体的 GDP 将萎缩 7%。根据世界银行的数据，中国的 GDP 增速在 2021 年将反弹到 6.9%，比疫情之前的 2019 年高出 0.8 个百分点。

尽管遭遇了外部因素的冲击，中国仍然是经济增长较快的国家之一，这意味着对肉类、奶制品以及其他食品和饮料的需求将不断增加。然而，国内供应增长滞后、资本投入短缺、城镇化和工业化对土地的竞争、劳动力成本和投入成本的上涨将导致国内农产品生产成本持续走高。

中国 2010 年之前谷物进口量较小，大多数年份低于 500 万吨，但在 2010 年之后，受经济快速增长和城镇化以及当时农业政策的影响，中国谷物进口量迅速增长，特别是杂粮的进口增速较快，如图 6-1 所示。2000 年玉米、小麦和稻谷的进口量均低于 100 万吨。2000~2010 年，玉米进口量从 0.31 万吨增长到 8.36 万吨，稻谷进口量从 23.86 万吨增长到 33.75 万吨。值得注意的是，这一时期小麦进口量呈现较大波动，其中 2004 年和 2005 年小麦进口量分别达到了 723.29 万吨和 351.01 万吨。这主要是受 2004 年开始的粮食流动体制改革影响，小麦价格的短暂升高使其进口量快速增长。

但是随着国内小麦产量的提高和进口管制的加强，小麦进口量快速回落到100万吨以下水平。同期杂粮的进口量规模较小，维持在每年200万吨左右的水平上。2010年之后，我国逐步放松了口粮的进口限制，同时，由于人均收入的持续提高，居民对优质口粮以及专用粮食（如硬质小麦）需求的持续增长，2011~2019年小麦、稻谷的进口量维持在了一个较高水平上。小麦的进口量从2011年的124.88万吨增长到了2019年的320.48万吨，稻谷的进口量从2011年的57.84万吨增长到了2019年的741.40万吨。此外，我国实施的进口配额关税管理制度限制了小麦和稻谷进口量的持续升高，使得2013年之后小麦和稻谷进口量维持在一个相对平稳的水平。但在这一时期，玉米和杂粮的进口量表现出较为剧烈的波动。2011年玉米的进口量仅为175.28万吨，但2015年玉米进口量增长到472.86万吨，这是由于受较高的玉米保护性收购价格的影响，国内玉米价格过高。2016年之后，我国开始实施玉米去库存政策，此后玉米进口量迅速下降，2017年玉米进口量下降到282.56万吨。而最近几年受国内猪肉价格升高的影响，对玉米饲料的需求快速上升，导致玉米进口量迅速回升到479.11万吨。但与我国玉米、小麦和稻谷的产量相比，三种粮食的进口量仍然较少，说明我国较好

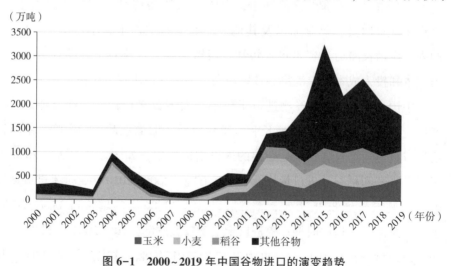

图6-1 2000~2019年中国谷物进口的演变趋势

资料来源：联合国粮食及农业组织网站。

地保持了口粮的绝对安全。由于大麦、高粱等杂粮和玉米之间存在较强的替代性，2013~2015年受较高玉米价格的影响，杂粮进口量快速增长，以用作玉米饲料的替代品。2015年杂粮的进口量高达3268.41万吨，相当于2011年进口量的6倍。尽管随后杂粮的进口量有所降低，但仍然超过1500万吨，仅低于大豆的进口量。

中国2010年之前保持了较高的谷物出口量，2010年之后谷物出口量迅速减少，只有稻谷还维持了一定数量的出口。20世纪前10年，由于人均收入还较低，居民的肉类消费保持在相对较低的水平，因而对饲料粮的需求相对较低。如图6-2所示，2000年、2002年和2003年玉米的出口量均超过了1000万吨，此后玉米出口量逐渐下降，但2007年玉米出口量仍超过400万吨。但随着饲料粮需求的快速增长，玉米出口量快速减少，2010年之后，玉米出口量少有超过10万吨。同时，受水土资源和种质资源限制，我国玉米的生产成本也高于北美、南美等地区，逐渐丧失了国际竞争力。2010年之前我国维持了一定数量的小麦出口，2007年小麦出口量达到了233.66万吨。同时，由于土地和劳动力成本的持续升高，我国小麦生产成本快速升高，使得国内小麦价格高于国际市场，导致2010年之后小麦出口量较低。与小麦、玉米不同，稻谷仍然能维持一定的出口量。即使在2010年之后，稻谷的出口量每年仍然超过20万吨。2017年稻谷出口量增长到了119.58万吨，2019年进一步增长到274.76万吨。作为劳动密集型的种植业产品，中国具有较高的劳动生产率和水稻单产，使稻谷价格具有一定的比较优势，能够维持一定的出口量。尽管过去20年，杂粮能维持一定的出口量，但与其进口量相比，出口量较少，难以改变杂粮进出口的形势。

我国肉类进口在2010年之前保持较低水平，但在2010年之后保持了较快的增长速度。如图6-3所示，2000年猪肉、牛肉和羊肉进口量分别为13.89万吨、0.68万吨和1.78万吨。与此相比，禽类的进口量较高，达到了85.04万吨。2000~2010年，肉类进口量整体上波动增长，但增长速度较慢，我国肉类消费主要依赖国内生产供给。2010年我国猪肉、牛肉和羊肉的进口量分别增长到20.31万吨、2.37万吨和5.70万吨，而禽类进口量则

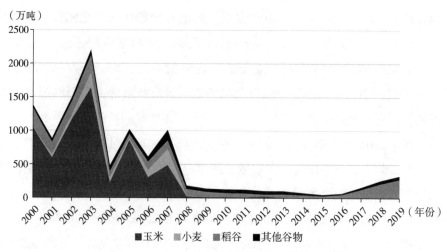

**图6-2 2000~2019年中国谷物出口的演变趋势**

资料来源:联合国粮食及农业组织网站。

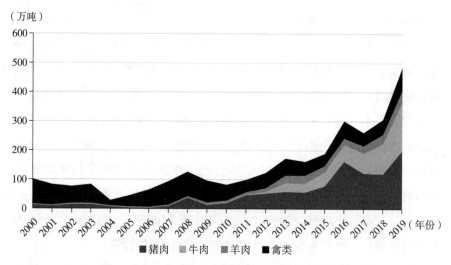

**图6-3 2000~2019年中国肉类进口的演变趋势**

资料来源:联合国粮食及农业组织网站。

稍有所下降,降至54.19万吨。2010年之后,随着居民收入水平的快速提高,肉类消费的收入弹性较高,且近年来我国逐步放松了对肉类进口的限制,这些因素共同作用使得肉类消费快速增长。2016年猪肉进口量超过100

万吨,达到了 162.22 万吨,2019 年进一步增长到 199.57 万吨。同期牛肉的进口量也快速增长,2011 年牛肉进口量仅为 2.02 万吨,2013 年超过了 20 万吨,2016 年首次超过了 50 万吨,2018 年进一步突破了 100 万吨大关。2019 年牛肉进口量又进一步增长到了 166.77 万吨,接近猪肉进口量。尽管羊肉的进口量增速也较高,但是羊肉进口量总体上低于猪肉和牛肉。2011 年羊肉进口量为 8.31 万吨,2019 年增长到了 39.24 万吨。尽管增速较快,但是羊肉的进口量仅相当于牛肉进口量的大约 1/4。2011~2019 年禽类的进口量相对较稳定,2011 年禽类进口量为 42.06 万吨,2019 年增长到 79.52 万吨。

2010 年之前,我国还能维持一定数量的肉类出口,但在 2010 年之后,除了禽类外,猪肉、牛肉和羊肉的出口量都急剧减少。如图 6-4 所示,2000 年猪肉、牛肉和羊肉出口量分别为 4.63 万吨、3.39 万吨和 0.42 万吨。2002~2007 年猪肉出口量均超过了 10 万吨,2004 年猪肉出口量达到了 27.63 万吨。2010 年之前牛肉和羊肉的出口量也较高。2005~2008 年牛肉的出口量都超过了 4 万吨,即使到 2010 年牛肉出口量也有 3.63 万吨。2004~2007 年羊肉的出口量均超过了 2 万吨,2010 年羊肉出口量达到了 1.35 万吨。2000~2010 年,禽类的出口量虽然有所下降,但仍超过 30 万吨。2000 年禽类出口量为 50.39 万吨,而 2010 年禽类出口量下降到 43.45 万吨。2010 年之后,猪肉、牛肉和羊肉的出口量均迅速下降。由于收入水平的迅速提高,居民对肉类的消费快速增长,而国内对畜牧业生产环境的严格控制以及生产成本的快速升高,使肉类价格快速上涨,在国际市场逐渐失去竞争力。2010 年后,我国猪肉出口量快速减少,2011 年出口量为 7.16 万吨,2019 年下降到了 0.80 万吨。同时,牛肉的出口量从 2011 年的 3.91 万吨下降到了 2019 年的 1.15 万吨。羊肉的出口量也从 2011 年的 0.81 万吨下降到了 2019 年的 0.20 万吨。与猪肉、牛肉和羊肉的生产相比,我国在禽类生产还具有一定的比较优势,2011 年后禽类出口量表现出一定的增长趋势。2011 年禽类出口量为 48.39 万吨,2019 年增长到 51.20 万吨。

与谷物、肉类相比,奶类产品是过去 20 年进口速度增长较快的农产品之一。由于居民收入水平的快速提升,对奶类产品的需求快速增长,加之我国在优质草场、奶牛资源上的劣势使奶类生产成本高于国际水平,导致

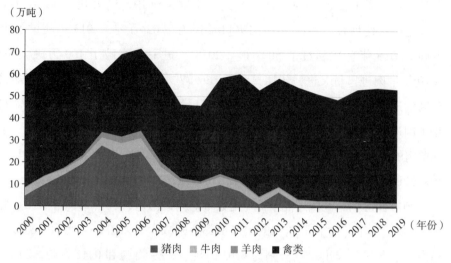

**图 6-4　2000~2019 年中国肉类出口的演变趋势**

资料来源：联合国粮食及农业组织网站。

了奶类产品进口量的快速增长。与澳大利亚、新西兰等国签订的自由贸易协定，大幅削减了奶类进口关税，也促进了奶类产品进口量的快速增长。如图 6-5 所示，2000 年奶类进口量为 21.88 万吨，2010 年增长到 74.54 万吨，相当于 2000 年奶类进口量的 3.41 倍。2011 年之后，奶类产品的进口量增速进一步加快，2011 年奶类进口量为 90.60 万吨，2019 年增长到了 262.80 万吨。在奶类进口量快速增长的同时，奶类出口量也在逐渐减少。2000 年中国奶类出口量为 4.80 万吨，2008 年之前奶类出口量持续增长，2008 年奶类出口量达到 12.07 万吨。但在 2008 年之后奶类产品出口量迅速下降，2009 年奶类出口量下降到了 3.68 万吨，此后奶类产品出口量保持在 3 万~4 万吨。

中国蛋类进口量几乎可以忽略不计，蛋类出口量持续增长，保持了一定的国际竞争力。如图 6-6 所示，2000~2019 年，蛋类进口量最高也只有 0.03 万吨，相比于国内蛋类的巨大产量，几乎可以忽略不计。由于劳动力生产率较高，我国蛋类的生产成本具有一定的比较优势，使得我国能够保证一定的蛋类出口量。2000 年蛋类出口量为 21.88 万吨，2010 年之前蛋类出口量保持在 100 万吨以下。2010 年蛋类出口量为 74.54 万吨。2011 年之

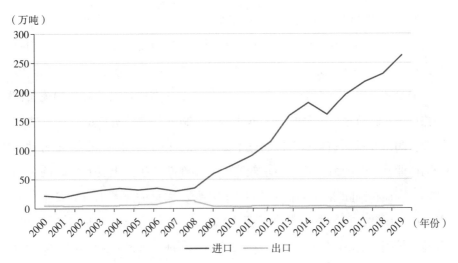

**图 6-5 2000~2019 年中国奶类进出口的演变趋势**

资料来源:联合国粮食及农业组织网站。

后,我国蛋类出口增速较快,从 2011 年的 90.60 万吨增长到了 2019 年的 262.80 万吨。只有 2015 年受禽流感的影响,出现了短暂的蛋类出口量下降,相比前一年减少 20.20 万吨。

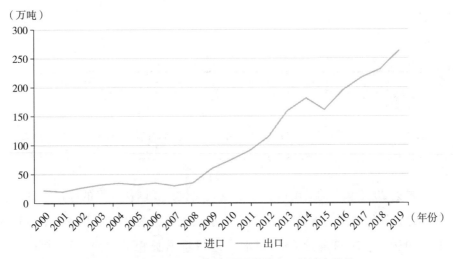

**图 6-6 2000~2019 年中国蛋类进出口的演变趋势**

资料来源:联合国粮食及农业组织网站。

尽管过去 20 年蔬菜的进出口量持续增长，但是与进口量相比，蔬菜出口量增长更快。如图 6-7 所示，2000 年蔬菜进口量为 5.96 万吨，蔬菜出口量为 292.56 万吨。2015 年之前，中国蔬菜进口量维持在较低水平，每年低于 10 万吨。但是随着居民收入水平的提高、蔬菜消费的多样化以及对高端蔬菜需求的快速增长，对进口蔬菜的需求迅速增长。2016 年蔬菜进口量首次超过了 10 万吨，2018 年蔬菜进口量首次超过了 20 万吨。由于蔬菜生产是高度劳动密集型的产业，对劳动力的素质要求较高，我国在蔬菜生产上具有较高的劳动生产率，因而在国际市场具有较强的比较优势，大量的蔬菜出口到日本、韩国等地区。因此，在过去 20 年间，蔬菜的出口量稳步增长，从 2000 年的 292.56 万吨增长到了 2010 年的 778.29 万吨，进一步增长到 2019 年的 1031.62 万吨。

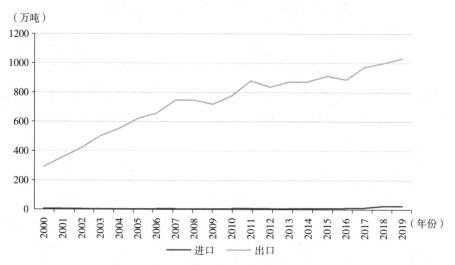

（万吨）

图 6-7　2000~2019 年中国蔬菜进出口的演变趋势

资料来源：联合国粮食及农业组织网站。

过去 20 年水果的进出口发生了较大变化，我国从水果的净出口国转变为净进口国。如图 6-8 所示，2000 年水果进口量为 95.08 万吨，出口量为 136.09 万吨。2008 年之前我国水果进口量增长相对较慢，从 2000 年的 95.08 万吨增长到 2008 年的 172.74 万吨。而在此之后，随着收入水平的快速提高，水果消费需求进一步向多样化升级，对车厘子、榴莲等高端进口水果的需求迅速增长。此外，电商销售平台、冷链运输网络的快速发展也促进了进口水果在国内的销售。这些因素导致水果进口量迅速增长，2009年水果进口量为232.89万吨，2019年增长到了667.10万吨，并在2018年首次超过了水果出口量，使得我国变成水果净进口国。对于我国水果出口的变化趋势，可以分成两个阶段。2000~2009年水果出口量快速增长，从2000年的136.09万吨增长到2009年的528.43万吨。在此之后，随着国内生产成本的上升，水果出口量变得平稳，甚至出现短暂的下降，但近几年水果出口量有所增长，维持在每年500万吨左右的规模。

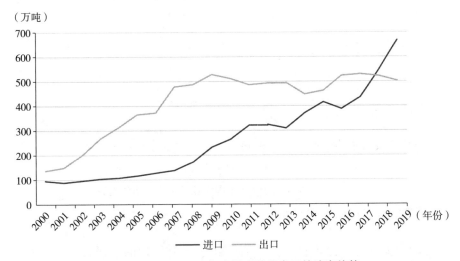

图6-8　2000~2019年中国水果进出口的演变趋势

资料来源：联合国粮食及农业组织网站。

大豆是我国最大的农产品进口品种，其巨大的进口量和较高的增速都值得密切关注。如图6-9所示，2000年大豆进口量就已经达到1041.91万吨，同期出口量仅为21.08万吨。与美国、巴西、阿根廷、乌拉圭等大豆出口国相比，我国大豆的单产较低、生产成本较高，且出油率较低，使得国产大豆的竞争力相对进口大豆较低。随着居民收入水平的迅速提高，肉类消费量的快速提高导致对饲料粮需求的迅速提高。作为最主要的蛋白饲料，大豆进口量增速较快，2010年增长到了5704.8万吨。随着南美大豆种植面积的扩大，大豆生产成本进一步下降，使得我国大豆在国际市场的竞争力进一步减弱。2010 年之后，大豆进口量持续增长，2017 年进口量首次突破 1 亿吨。尽管近年受猪瘟影响，国内生猪养殖业受损，大豆进口量有所下降，但仍然超过了 9000 万吨。2000~2019 年大豆出口量也逐渐减少，从 2000 年的 21.08 万吨下降到 2019 年的 11.45 万吨，主要是向欧盟出口优质蛋白大豆。

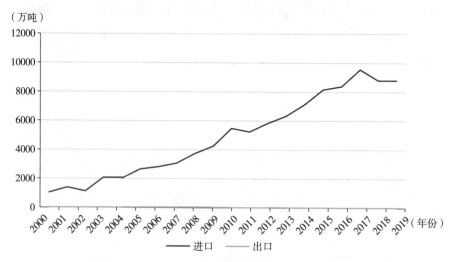

**图 6-9　2000~2019 年中国大豆进出口的演变趋势**

资料来源：联合国粮食及农业组织网站。

除了大豆外，油菜籽、棕榈油等其他油料作物的进口量也持续增长。如图 6-10 所示，2000~2005 年其他油料作物进口量持续下降，从 2000 年的 298.48 万吨下降到 2005 年的 46.85 万吨。但 2006 年之后，其他油料作物的进口量持续升高。2010 年增长到 225.03 万吨，2018 年达到最高点，进口量为 629.07 万吨。尽管 2019 年其他油料作物进口量有所下降，但仍然超过 400 万吨。在过去的 20 年间，其他油料出口量稳步提高，但是数量较少，2019 年出口量仅为 60.48 万吨。

2012 年之前，中国食糖进出口量都较少。如图 6-11 所示，直到 2012 年放开了食糖的进口限制，当年食糖进口量达到了 8.20 万吨。此后食糖进口量持续增长，2015 年增长到 10.54 万吨。2016 年和 2017 年食糖进口量出

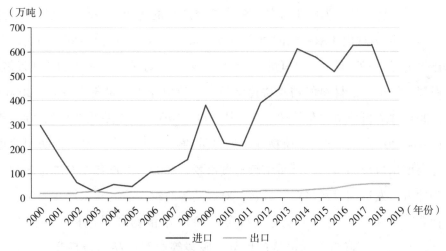

（万吨）

**图6-10　2000~2019年中国其他油料作物进出口的演变趋势**

资料来源：联合国粮食及农业组织网站。

现了短暂的下降，但2018年食糖进口量突破10万吨，达到了12.35万吨。2019年更是进一步增长到14.90万吨。在过去的20年间，食糖的出口量始终较低，出口量最高的2013年也仅有0.55万吨。

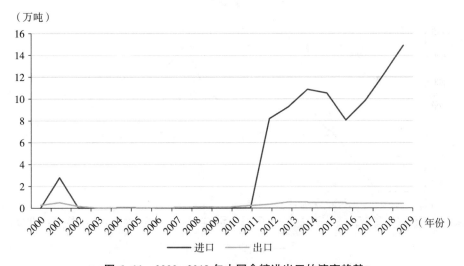

（万吨）

**图6-11　2000~2019年中国食糖进出口的演变趋势**

资料来源：联合国粮食及农业组织网站。

　　除了食品外，为棉花为主的植物纤维产品的进出口也值得关注，在过去20年间表现出了双峰状的演变趋势。如图6-12所示，2000年植物纤维进口量为61.25万吨，出口量为35.15万吨。随着国内纺织业的快速发展，对棉花等纺织原材料的需求快速增长，导致棉花进口量迅速升高。2000~2006年植物纤维进口量持续升高，从2000年的61.25万吨增长到2006年的474.20万吨，达到了植物纤维进口量的第一个高峰。但我国纺织业也是高度出口导向型的，严重依赖外贸市场，2007~2009年受全球金融危机的冲击，发达国家经济增长放缓，对服装等纺织产品的需求严重下降，从而我国植物纤维进口量也随之降低。2009年植物纤维进口量下降到了267.74万吨。随着全球经济的恢复，服装等纺织产品出口反弹使得我国植物纤维进口量在2010~2012年持续升高，2012年达到了647.56万吨。但随之而来的全球经济衰退，加之纺织业生产向东南亚、南亚国家转移，我国植物纤维进口量再次降低。近年来，植物纤维进口量维持在300万吨左右。我国植物纤维的出口量较小，最近10年均低于每年10万吨的规模。

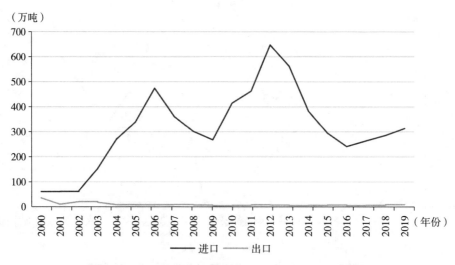

图6-12　2000~2019年中国植物纤维进出口的演变趋势

资料来源：联合国粮食及农业组织网站。

# 第四节 重要农产品进口的来源分析

本节主要分析我国重要农产品进口的来源，包括玉米、小麦、稻谷和大豆的进口来源，通过分析可以发现，我国农产品进口来源更加多元化，从集中单一进口来源的模式向多个重要进口来源的模式转变。随着"一带一路"倡议和农业"走出去"的推进，我国农产品进口来源还将进一步多元化，并寻求全球最优质的农产品资源。

2000~2019 年，中国大豆进口来源在多元化的同时，从北美国家逐渐向南美国家转移。如图 6-13 所示，2000 年我国从美国进口了 541.38 万吨大豆，占当年大豆进口总量的 52%；从巴西和阿根廷进口的大豆分别占当年进口量的 27%和 20%；其他国家的份额不足 1%。此后随着南美洲特别是巴西大豆种植面积的扩大，我国大豆进口来源逐渐转向了南美国家。由于南美国家在土地成本、气温、降水方面具有较明显的优势，其大豆生产成本低于美国。过去 20 年，巴西在中国大豆进口量的份额持续提高，从 2000 年的 27%增长到 2019 年的 65%。美国大豆的份额则持续下降，从 2000 年的 65%下降到 2019 年的 19%。阿根廷大豆的份额表现出较大波动性，最高时（2001 年）占中国大豆进口总量的 36%，最低时（2018 年）仅占中国大豆进口总量的 2%。与巴西持续增长的大豆播种面积和产量不同，阿根廷大豆表现出了较强的周期性波动，其出口量也受此影响。此外，俄罗斯、加拿大、乌拉圭成为中国大豆的新供给者，分别占 2019 年中国大豆进口量的 1%、3%和 2%。随着农业"走出去"水平的提高，以及"一带一路"、区域全面经济伙伴关系协定等贸易协议的促进，可以预见未来中国大豆进口来源还将进一步多元化。

2000~2019 年，中国小麦进口主要来自澳大利亚、加拿大、俄罗斯、哈萨克斯坦和美国，以上国家占中国小麦进口量的 90%以上。如图 6-14 所示，2000 年中国从加拿大、澳大利亚和美国分别进口了 62.40 万吨、9.83

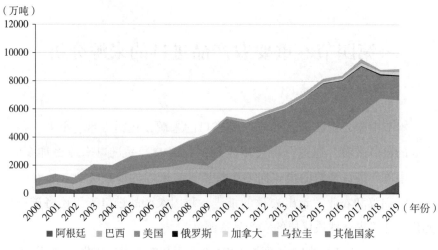

**图6-13  2000~2019年中国大豆的进口来源**

资料来源:联合国粮食及农业组织网站。

万吨和15.37万吨小麦,分别占当年中国小麦进口量的71%、11%和18%。随着居民收入水平的提高,居民对面包、蛋糕等加工食品的需求升高,但我国低筋面粉、高筋面粉等专用小麦的种植面积不足,导致小麦的进口持续增加。伴随着进口量的扩大,澳大利亚和美国逐渐成为我国小麦进口的主要来源。2010年澳大利亚进口小麦占中国小麦进口量的62%,而加拿大的份额下降到23%。但是近年来中国小麦进口来源重新转向了加拿大。同时,哈萨克斯坦和其他国家成为中国小麦进口的新来源,哈萨克斯坦进口小麦已占我国小麦进口量的12%,显示出中国小麦进口来源的多元化趋势。

2010年之前我国玉米进口量较少,2010年之后玉米进口主要来自美国和乌克兰。如图6-15所示,2010年中国从美国进口玉米150.18万吨,占当年全国玉米进口量的96%,这是由于美国具有全球最低的玉米生产成本。而2015年之后,我国加强了与乌克兰的国际合作,从乌克兰进口的玉米逐年增加,2013年仅从乌克兰进口10.89万吨玉米,2015年增长到了385.07万吨。此后由于中国玉米进口总量的下降,从乌克兰进口的玉米量也出现了下滑,但其仍然是中国最大的玉米进口来源,份额超过60%。2018年后,随着国内生

（万吨）

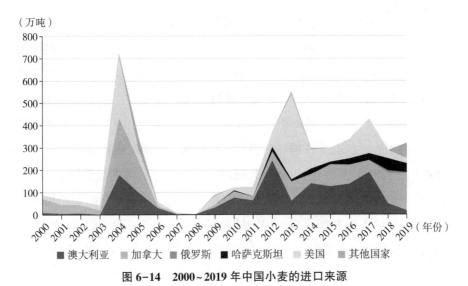

图 6-14　2000~2019 年中国小麦的进口来源

资料来源：联合国粮食及农业组织网站。

猪养殖产业的恢复，玉米进口量反弹，2019 年从乌克兰进口玉米 413.77 万吨。同时，减少了美国玉米的进口量。但随着中美经贸谈判第一阶段协议的签署，中美双方降低进口关税、扩大产品进口，可以预见美国玉米进口量将有所反弹。

（万吨）

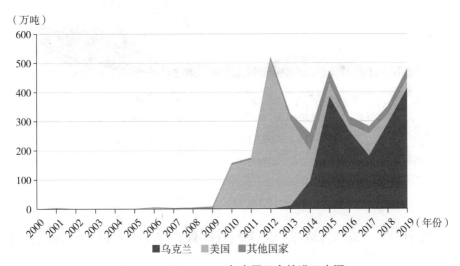

图 6-15　2000~2019 年中国玉米的进口来源

资料来源：联合国粮食及农业组织网站。

如图 6-16 所示，2010 年之前，中国稻谷进口几乎全部来自泰国，但 2010 年之后，我国稻谷进口来源更加多元化。由于泰国稻谷质量较好，在中国市场具有较强的吸引力，2010 年之前中国主要从泰国进口稻谷。越南随后成为中国稻谷进口的来源，2010 年从越南进口稻谷 5.61 万吨，占当年中国稻谷进口量的 15%。此后泰国进口稻谷的份额进一步下降，2019 年下降到中国稻谷进口量的 21%。越南进口稻谷的份额先增后减，最高时占中国稻谷进口量的 60% 以上（2012~2013 年），近年来逐渐下降到中国稻谷进口量的 19%。2010 年后中国稻谷进口来源更加多元化，柬埔寨、老挝、缅甸、巴基斯坦成为我国稻谷进口的主要来源。2019 年巴基斯坦在中国稻谷进口量中的份额达到 24%，这得益于中国与巴基斯坦之间经贸合作的加深以及中巴经济走廊的建设。

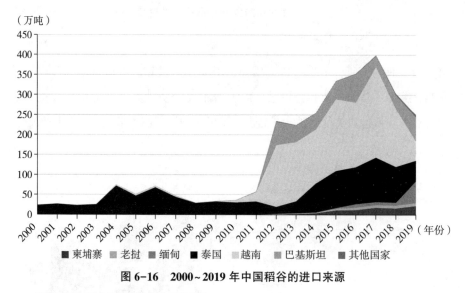

图 6-16　2000~2019 年中国稻谷的进口来源

资料来源：联合国粮食及农业组织网站。

## 第五节　双循环背景下中国农产品进出口未来趋势

基于对我国农产品进口演变趋势的分析，可以启发双循环背景下中国农产品进出口未来趋势的思考。主要包括以下几点：①粮食供需变化。我国粮食需求增长至2035年将显著高于国内生产增长，但口粮和饲料粮的供需状况和自给率存在显著差异。到2035年我国大米和小麦基本能够满足自给，自给率将保持在98%左右，但玉米和大豆进口需求将不断增长，到2035年大豆进口超过1亿吨将成为常态。②食糖供需变化。我国食糖消费增长较快，供需缺口加大。由于食糖需求增长速度显著高于国内生产增长速度，供需缺口不断加大，食糖进口量将显著增长。③油料作物（不包含大豆）供需变化。油料作物产量至2035年增长不明显。同时，我国对油料作物的需求将继续保持较快增长，油料作物供需缺口加大。④蔬菜和水果供需变化。蔬菜产量将稳定增长，而且将依然保持较明显的出口比较优势。蔬菜居民消费量也将继续保持增长趋势。我国是世界上主要的蔬菜出口国之一，蔬菜出口在未来将继续保持较明显的比较优势。⑤水果供需变化。我国水果（包括瓜果）生产和消费量明显提高，进口和出口均保持增长态势。水果进口以热带水果为主。⑥畜产品供需变化。畜产品的生产和供需缺口将在很大程度上取决于饲料粮贸易政策和草牧业发展。到2035年，畜产品消费将继续保持较快增长，其中牛肉和奶制品增幅最为显著，畜产品供需平衡存在不确定性。在限制玉米进口和不重视草牧业发展的情况下，猪禽肉、牛羊肉和奶制品进口将显著增长，并高度依赖国际市场供给。如果放开饲料粮市场，通过进口饲料发展国内畜牧业，猪禽产品供需能基本保持平衡，而牛羊肉和奶制品进口仍将增加。⑦水产品供需变化。我国水产品需求增长极为显著，但国内生产能够满足需求增长，水产品供需将保持平衡并略有剩余。

# 第七章

## 双循环背景下中国农业对外投资的特征与发展趋势

# 第一节 中国海外农业投资的概况

## 一、多元化的投资策略

根据中国农业农村部的数据，截至 2016 年底，中国共有 1300 多家农业、林业和渔业企业从事海外投资活动，注册投资金额达到 1800 亿元人民币（约合 260 亿美元）。这些投资分布在 100 多个国家、地区，涵盖农作物、畜产品、渔业、农产品加工、农业机械、农业投入品、种子和物流流通等行业。中国企业海外农业投资的商品和地区选择也表现出多元化的特征，投资对象包括东南亚的棕榈油和天然橡胶种植园，俄罗斯东部的大豆和油菜籽农场，新西兰和澳大利亚的乳制品、牛肉生产企业以及美国和保加利亚的苜蓿农场。

大部分海外投资是由在中国邻国或非洲国家中相对较小规模的企业完成的，但投资范围已扩大至各大洲和各种商品。近年来，在财务资源的有力支持下，中国企业也进行了全球并购，逐渐在全球猪肉、乳制品、橄榄油市场中立足。而在一些企业的海外并购中，中国企业获得了先进的生产技术和管理专业知识。除此以外，其他海外并购集中在农产品贸易和流通企业，这反映了中国对外投资策略上的转变，即转向农产品进口供应链的所有环节并创建大型跨国农业贸易企业。仇焕广等（2013）调查了 47 家公司在海外租赁或购买的总计 98.3 万公顷土地，其中，既包括中粮集团和中国农业发展集团等大型国有公司，也包括重庆粮食集团和吉林省海外农业投资有限公司等省级企业，以及 38 家省级国有农场系统公司。

对中国农业投资的大部分讨论都基于国际新闻媒体报道。但是，一些调查发现，中国获得的土地数量远少于报道的数量。中国专家的研究也发现，中国对外农业投资遇到许多障碍，阻碍其增长。仇焕广等（2013）调查发现，由于无法预见的文化制度障碍和资金不足，中国企业仅耕种了其海外获得土地中的 12.8%，仅完成了其计划投资量的 5%。大多数的中国农业海外投资项目的利润率都很低，甚至为负。此外，缺乏全球市场运作经验、缺乏足够的技术人员、语言能力不足、当地官僚机构存在问题、政治不稳定、腐败以及对移民的限制是中国企业对外投资表现不佳的原因。中国企业也会抱怨，东道国对进口化肥、农机具征收的高额关税，当地薄弱的基础设施常常会破坏整个项目。此外，一些投资决策仅基于统计数据，夸大了海外项目的盈利潜力。

尽管中国农业对外投资侧重于为中国市场获取生产资源，但中国投资者似乎在东道国出售了大部分产品。在调查 47 位中国投资者后，仇焕广等（2013）发现，他们 2011 年生产的 35.2 万吨谷物中，只有 10% 在中国销售，绝大部分在东道国销售。研究也发现，投资者在将产品出口回中国时遇到了许多障碍，包括东道国的出口税以及东道国与中国之间缺乏出口协议，而且大多数公司无法获得将谷物和棉花出口到中国所需的配额。另一些项目的失败则是由高关税阻碍机械和肥料的进口以及中国对种子出口的限制导致的。中国农业对外投资对从东南亚进口棕榈油和木薯起到重要作用，对从新西兰和澳大利亚进口乳制品、牛肉和羊肉也发挥了重要作用。

中国农业对外投资落后于对其他产业的投资，如商业服务、房地产、制造业、建筑、采矿、能源和技术。直到 20 世纪 90 年代，中国的农业和食品部门还是由小型农场和小型农业企业主导的。直到最近 10 年，才有少数的大型农企能够在全球市场开展业务。因此，农业只占中国对外投资的一小部分。根据商务部数据，2016 年中国在农业、林业和渔业方面的海外直接投资占中国对外投资流量的 1.7%，占对外投资存量的 1.1%。但是，这些数字不包括对食品加工、贸易和农业技术的投资，这些投资已计入制造业和服务业。除了少数几笔大规模投资外，绝大部分投资都由百万美元级别的小额投资组成。

## 二、农业对外投资的增长趋势

中国农业企业日趋成熟、金融资源日渐丰富以及政策支持水平逐渐提高，共同推动了中国农业对外投资的快速发展。根据国家统计局数据，2010年之前，中国农业对外投资总量一直很低。但在2010年之后，农业对外投资总量出现了快速增长，如图7-1所示。中国农业对外投资流量从2011年的8.0亿美元增长到2019年的23.4亿美元，增长了近2倍。但是值得注意的是，中国农业对外投资流量在2016年达到了最高点，为32.9亿美元，主要是因为当年存在几笔大规模的海外收购。而中国农业对外投资存量过去10年始终在快速增长，从2011年的34.2亿美元增长到2019年的196.7亿美元，增长了近5倍。

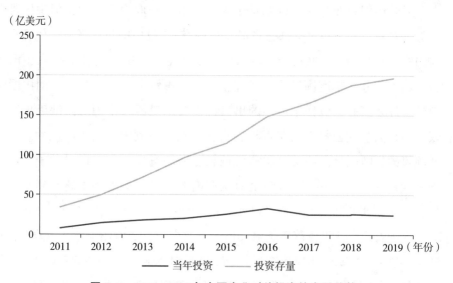

**图7-1　2011~2019年中国农业对外投资的发展趋势**

资料来源：《中国农业对外投资数据汇编2019》。

然而这些统计数据并未反映出中国在农业和食品领域的全部对外投资。2016年报告的农业、林业和渔业部门外国投资存量为148.9亿美元，低于农业农村部报告的260亿美元。前者并未包括与农业有关的加工、贸易、运输和投入制造业的投资，这些投资被归为制造业或物流业的投资。例如，2010~2014年，光明食品集团以19亿美元收购了英国Weetabix的股份，以21亿美元收购了以色列乳制品公司Tnuva的股份。2013年，万洲集团，即双汇集团的母公司，以 71 亿美元收购了美国肉类生产商 Smithfield Foods。2016 年，中国化工集团公司以 430 亿美元收购瑞士种子和农用化学品生产商先正达公司。

中国农业对外投资的加速增长与整个经济的趋势相吻合，包括农业进口和外汇储备的快速增长。第一批农业"走出去"项目在 2007~2008 年启动，正是因为那几年中国农业进口额激增。在全球金融危机期间短暂下滑之后，2009~2013 年中国的农产品进口增长加速，农产品贸易逆差的不断增长促使中国政府更加重视国家粮食安全。中国的外汇储备也迅速增长，在 2014 年达到 4 万亿美元的峰值，这些外汇储备为农业对外投资提供了财政支持。

就投资区域而言，中国农业对外投资主要集中在亚洲、欧洲和大洋洲。就投资流量（新增投资）而言，2018 年中国在亚洲、欧洲和大洋洲的农业投资分别达到 7.19 亿美元、11.16 亿美元和 1.86 亿美元，分别占当年中国农业对外投资流量的 32.73%、40.84% 和 8.49%，如图 7-2 所示。中国在非洲的农业投资也达到了 1.30 亿美元。值得注意的是，尽管北美洲和南美洲是中国农产品进口的主要来源，但占中国农业对外投资的比重仅为 0.97% 和 1.05%。在国家上，东南亚的老挝、缅甸、印度尼西亚、柬埔寨，欧洲的法国、瑞士、俄罗斯，以及大洋洲的澳大利亚和新西兰是中国对外农业投资的主要国家。

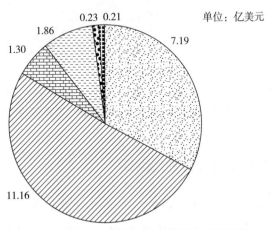

图 7-2　2018 年中国农业对外投资流量的区域分布

与投资流量分布存在差异，中国对外农业投资存量最大的区域是亚洲，其次是欧洲和大洋洲。2018 年中国在亚洲、欧洲和大洋洲的农业投资分别为 75.52 亿美元、71.32 亿美元和 26.40 亿美元，分别占中国农业对外投资存量的 38.30%、36.17% 和 13.39%，如图 7-3 所示。中国在非洲的农业投资存量达到了 12.23 亿美元。北美洲和南美洲农业投资存量分别为 9.18 亿美元和 2.52 亿美元。在国际上，瑞士是中国农业对外投资存量最大的国家，为 45.45 亿美元，占农业对外投资存量的 23.05%，然后依次是澳大利亚（15.35 亿美元）、印度尼西亚（14.65 亿美元）、老挝（14.27 亿美元）、以色列（13.70 亿美元）、新西兰（9.92 亿美元）、俄罗斯（9.71 亿美元）、法国（8.02 亿美元）、巴西（6.62 亿美元）和缅甸（5.55 亿美元）。

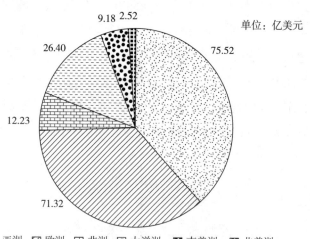

图 7-3　2018 年中国农业对外投资存量的区域分布

## 三、农业对外投资的合理性

中国农业对外投资或农业"走出去"始于 20 世纪 90 年代，旨在通过做大做强中国企业，鼓励他们走向全球市场。"走出去"是从被动地引进新技术和投资向更积极地参与全球市场以创建具有全球竞争力的中国企业过渡。农业"走出去"通常与中国粮食安全问题相关。20 世纪 90 年代，国务院发布的粮食安全白皮书要求主要粮食作物的自给率达到95%。21世纪后，中国农产品进口量的增长使政府部门越来越关注粮食安全和工业安全，以确保农产品进口不会损害国内经济发展。2006~2008年，全球大宗商品价格飙升促使政府对农产品进口增长进行更多控制，政府推动了更多的农业"走出去"项目。"十一五"规划（2006~2010年）主张，通过利用中国丰富的劳动力资源开发国外的土地、水和能源来实现农业全球化，鼓励具有竞争力的大型企业在南美洲、北美洲和非洲租入土地，种植谷物、油料和糖类作物，然后将农产品运回中国以平衡国内供需。

　　农业"走出去"从粮食安全战略和"一带一路"倡议中获得了更大的推动。通过技术改进和更高的生产效率，鼓励中国企业获得对农产品供应链的控制权。新的粮食安全战略将实现自给自足的范围缩小到稻谷和小麦，并允许适度进口其他农产品，政府部门关于农业"走出去"的文件、培训和补贴有所增加。同时，中国的"一带一路"倡议也成为中国农业和其他行业"走出去"的主要动力。"一带一路"的基础设施建设和其他类型的投资旨在建立从中国到西欧的贸易路线，并培育中国商品的新市场，重点是建设港口、铁路和其他运输物流基础设施，并促进贸易和技术交流。国务院于2017年将农业列为鼓励投资的六大优先领域之一。"一带一路"倡议的六大经济通道是农业贸易、投资、科学合作和人员交流的重点。"一带一路"倡议有助于改革全球贸易体系，并建立亚洲、非洲、拉丁美洲和欧洲的协同生产能力。在亚洲大陆和印度洋到欧洲之间建立新的贸易路线，以替代通常从北美辐射的既定贸易路线。通过基础设施建设，向东南亚的传输技术，从欧洲获得先进技术以及与俄罗斯进行双边贸易。

　　同时，农业技术是中国农业对外投资的重要组成部分，包括中国扩散自己的技术以及获得跨国公司开发的先进技术。中国的农业投资者倾向于进入东南亚、俄罗斯远东地区和非洲的发展中国家，这些地区的农业技术和产量落后于中国，当地政府也乐于接受中国的投资。近些年，学习外国技术以提高农业生产率已经成为中国对外投资的另一个目标。20世纪80年代以来，政府部门试图通过引入外国直接投资来推动技术升级。提高研发能力和管理贸易知识是目前中国企业在猪肉、农产品贸易和农场建设方面几项重要对外投资的目标。

中国农业对外投资与日本和其他国家为控制农业进口并开拓新的供应商所做的努力类似。20 世纪五六十年代，随着日本经济的快速增长，引发了国民对该国资源稀缺的担忧，日本加强了与农业有关的外国援助和技术援助，并鼓励日本公司实现农产品进口来源的多样化。日本在东南亚和印度为日本市场种植玉米、高粱、大米和香蕉，并在澳大利亚、拉丁美洲、墨西哥和非洲开展大量的投资活动，包括 20 世纪 80 年代收购美国的农田和农业综合企业。

## 四、农业走出去的支持政策

中国几乎所有的对外直接投资都是由公司承担的。政府通过安排交易或提供低息贷款、信息、建议来发挥支持作用。政府将此模式描述为"政府搭台，企业唱戏"。Chen 等（2009）描述了几种海外投资模式，政府官员在公司项目启动或私人企业扶持中扮演着不同的角色（兰红光，2013；刘超，2015；Peng，2015）。Oliveira（2015）描述了政府如何促进中国公司对巴西大豆产业的投资。尽管地方和中央政府采取了许多措施鼓励农业对外投资，但实际的政策支持力度并不均衡。仇焕广等（2013）、Song 和 Zhang（2014）发现，大多数投资者资金有限，对国外市场了解较少，甚至许多人抱怨政府支持不足。此外，许多中国公司习惯于依靠政府在国内市场取得成功，但这些行为并不总是适用于其在海外经营的公司（Shambaugh，2013；Chen et al.，2009）。

政府主要的支持手段是通过政策性银行提供专用补贴贷款。例如，2000～2005 年，几项法令和法规授权通过直接援助或补贴贷款支持中小型企业到国外投资；中国国家开发银行与东南亚和一些欧洲国家建立了合作基金，可用于海外投资；原农业部与两家政策性银行签署了协议，向农业外国投资项目提供资金支持，即 2008 年的中国进出口银行和 2011 年的中国国家开发银行（马志刚，2016）。

　　但是，并非所有支持政策都可以得到明确的补贴。2015 年，中国农业银行承诺支持对农业及基础设施和能源的"走出去"投资。2016 年，中国银行为农业信贷、公司收购和海外商业贷款提供了 1640 亿美元的融资，涉及 2334个"走出去"项目。同年，原农业部和中国农业发展银行达成一项协议，支持农业公司走向全球。2015 年，中国的主权基金中国投资有限责任公司收购了中粮集团 20% 的股份，用于投资海外合资企业。其他特殊投资项目用于东南亚和非洲地区的投资，诸如亚洲基础设施投资银行之类的贷款组织也为海外投资提供资金。尽管已经有这些融资项目，中国专家仍然认为缺乏资金是中国企业海外农业投资的主要障碍。因为仅有部分企业能够获得此类贷款，而大部分企业的海外并购只能依赖商业银行的贷款和他们自身的资产。

　　除了资金方面提供帮助外，中国政府有关部门还负责提供信息、培训课程，并在边境设立设施，以支持中国企业实现农业"走出去"。另外，建立在线服务平台，为潜在的投资者提供有关国家的法律、政策和统计信息。农业农村部（原农业部）还编制了海外投资项目清单以及国家和行业投资计划，并制订了试点项目计划，为海外农业合作项目所需的机械和设备提供帮助。2016 年，中国农业科学院发起了全球农业大数据与信息服务联盟，旨在建立农业科技信息交换平台，以支持中国农业企业的海外投资与合作。

　　由农业农村部（原农业部）发起的农业产业化计划也被用作海外农业投资识别潜在投资者和提供相关服务的平台。该计划主要针对国内市场，建立行业的龙头企业（也称为旗舰企业），这些企业在获得专项贷款、优惠的土地使用权以及稳定的农业供应者等优惠政策的同时，也为小规模生产者提供市场并向他们提供技术服务和市场信息。2014 年，《农民日报》将 118300 家农业龙头企业的资金、设备和人员描述为"农业迈向全球化的坚实基础"。农业部门和相关银行的负责人也定期为农业龙头企业举办"走出去"培训班。

　　2015 年和 2016 年中央一号文件都要求加强与贸易伙伴的合作，以促进农产品的清关、检查和检疫。近年来，很多地区都升级了边境口岸，简化了检查程序，并建造了专用的港口设施，以加强与邻国和"一带一路"国家的贸易。

# 第二节　中国海外农业投资的
# 主要商品、区域和企业

本节将讨论中国企业和政府部门选择的海外农业投资的主要商品、区域和企业。如前文所述，投资的目标是多样化的，而且还根据优先级和市场条件发生变化。下文将根据政府文件、新闻媒体和其他来源的信息，总结中国海外农业投资在商品、地区和公司并购上的策略。

## 一、中国海外农业投资商品的选择

海外投资商品的重点是解决对进口商品的依赖性。农业"走出去"的首要目标是调节农产品进口流量以填补国内供应的短缺。因而中国海外投资主要集中在中国需要大量进口以满足消费者需求的商品，包括远洋渔业、大豆、玉米、大米、橡胶、棕榈油和木薯。玉米进口量的快速增长也证实中国企业加快农业"走出去"是合理的。

农业"走出去"的第二个目标是为每类进口商品拓展多个供应者，以避免过度依赖单个国家。"十一五"规划重申粮食安全，要求农产品进口供应者的多样化，以维护中国的粮食主权并大幅降低政治风险。倪洪兴（2014）认为，中国日益依赖大豆、食用油和其他产品的进口，引起了对国际市场波动和垄断所带来风险的担忧，并建议中国企业实现农业"走出去"以获得对农产品进口量和进口来源的更多控制权。2016年中央一号文件要求实现农产品进口来源的多元化，进口来源的多元化可以为中国提供更大的议价能力和定价权。当前贸易量最大的五个出口国占中国谷物、油料和油脂进口量的95%~99%，同时，贸易量最大的五个出口国在所有农产品进口量中的份额占54%。应当增加与"一带一路"国家的农产品贸易，以减少对北美洲、南美洲以及大洋洲农产品出口的依赖度。

　　对于消费完全依赖于进口的商品，如棕榈油和橄榄油。中国进口的棕榈油几乎全部来自马来西亚和印度尼西亚，这是中国企业农业"走出去"的主要投资产品。同样地，进口大豆主要来自巴西和美国，也是中国在南美投资的重点项目。中国企业收购了意大利橄榄油生产企业，获得了全球橄榄油生产和销售网络，帮助中国从意大利和西班牙进口橄榄油。而对于进口比例不大但是集中度非常高的商品，如中国棉花和油菜籽。中国的棉花进口仅占棉花消费的 2%，但是这些进口在 2013 年之前几乎全部来自美国。在签署协议允许以粮食作为贷款还款手段之后，中国大量增加了从乌克兰进口的粮食产品。通过农业"走出去"项目，也增加了从白俄罗斯进口的粮食产品。中国主要从加拿大进口油菜籽，从俄罗斯和乌克兰采购油料作物和食用油。

　　与上述农产品相比，小麦和大米的进口量非常少，基本能实现自给目标。然而，中国在这些产品上仍然拥有较多的农业"走出去"项目。中国大米自给率比较高，但是企业仍然投资了一系列海外项目。猪肉与这些农产品的情况类似，后文还将讨论万洲集团对美国最大的猪肉生产商 Smithfield Foods 的收购。

## 二、中国海外农业投资区域的选择

　　就像中国海外农业投资的对象一样，投资区域的选择也是多元的，可以包含任何国家。这些区域具有如下特征：具有丰富的土地、水和其他自然资源，农业生产和食品加工条件较好的国家；在全球产业链中具有中国企业需要的农产品生产、加工和物流资产的国家；中国对外农业技术援助的受援国，主要是中国与欠发达国家之间的南南合作；与"一带一路"等国际合作相关的国家。

　　实际上，中国的海外农业投资一直集中在周边地区，特别是东南亚和俄罗斯远东地区。这些地区地理条件便利，拥有丰富的土地资源。中国商务部的数据显示，2014 年，亚洲占中国农业对外投资区域的一半，如图 7-4 所示。欧洲约占中国海外农业投资的 15%，其中大部分投资都分布在与中国相邻的俄罗斯远东地区。大洋洲拥有丰富的奶制品和其他农业资源，与欧洲地区所占份额几乎相等。非洲是另一个土地资源丰富的地区，也是南南合作的目标，获得了约 12% 的中国海外农业投资。而土地资源较丰富的拉丁美洲和北美洲获得中国农业投资的份额相对较少，分别占中国海外农业投资的 6% 和 2%。

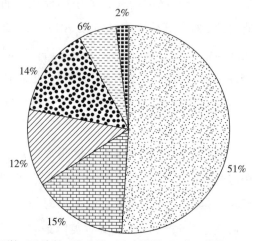

图 7-4　2014 年中国对外农业投资的区域

考虑到中国与北美和南美之间巨大的农产品贸易量，在这些地区较少的农业投资份额令人惊讶。2010～2015 年，北美是中国农业进口的最大来源，超过中国农业进口总量的 30%，如图 7-5 所示，但北美在中国海外农业投资中仅占 2%。南美占中国农业进口总量的 27%，但仅占中国海外农业投资的 6%。相比之下，亚洲和非洲吸引了中国大部分的海外农业投资，但亚洲国家仅提供占中国农产品进口总量 20% 的农产品，非洲仅为 2%。

2014 年、2016 年和 2017 年发布的中央一号文件提出，优先考虑在邻国和 "一带一路" 国家进行对外农业合作与投资。《全国农村经济发展 "十三五" 规划》也指明，优先考虑在亚洲、非洲、中欧和东欧以及拉丁美洲地区的 "一带一路" 国家进行农业投资。

"十三五" 规划还要求与北美、西欧和大洋洲建立更加紧密的合作。如

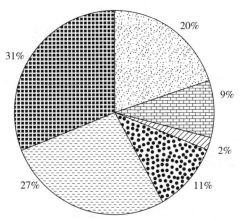

图 7-5　2010~2015 年中国农产品进口来源

后文所述，北美和西欧地区已成为少数几个大型农业综合企业进行国际并购的主要区域。美国、加拿大和西欧国家已经拥有高度发达的农业综合企业和完善的基础设施，因此，中国投资者在当地面临更加激烈的资产竞争。

1. 东南亚地区

商务部数据显示，到 2016 年底，中国对东南亚国家的农业、林业和渔业投资总额为 31 亿美元。东南亚国家属于热带气候，适合种植橡胶、油棕和木薯，拥有大量的华裔人口，有利于与中国建立密切的业务联系。同时，东南亚国家也一直是中国外交和贸易的重要伙伴。由于在东南亚国家只需要相对较少的前期资金投入，并且由于中国投资者和商人在该地区具有较丰富的经营经验，中国企业在该地区进行新领域的新投资项目相对较容易。

东南亚国家是中国投资热带作物的主要区域，如投资印度尼西亚的油棕种植园和加工企业。从 2006 年开始，天津聚龙集团投资 5600 万美元在印度尼西亚的加里曼丹岛开发了两个棕榈种植园和两个棕榈油加工设施，总面积达 2.4 万公顷。2015~2020 年，聚龙集团计划将种植面积扩大至 50 万公顷。但是，遭到了印度尼西亚政府和环保主义集团的反对。聚龙集团的油料加工厂于 2011 年在加里曼丹开设，将棕榈油出口回中国，是中国企业在中国境外拥有的第一家油料加工厂。

柬埔寨农业生产成本低廉、资源丰富，一直是中国农业对外投资的目标。20世纪90年代初以来，柬埔寨政府已向中国及其他公司出租了大片土地，称为经济特许用地（Economic Land Concession，ELC），用于人工林种植和大规模农产品生产。目前，经济特许用地包括近100万公顷的柬埔寨农田，约85%由外国企业租赁。中国企业租赁了柬埔寨24%的经济特许用地。这些投资主要用于橡胶、木材和其他树木的种植，涉及21家中国企业。

2012~2014年，柬埔寨政府将1/3的经济特许用地退还给当地农民，并将一部分土地列入自然保护区中。由于柬埔寨政府的缩减规模计划，中国开发商失去了之前获得的土地面积的1/3以上。2012年以来，柬埔寨政府撤销了14.3万公顷的经济特许用地，其中15%最初是授予中国开发商的。

5家中国公司拥有总计4万公顷的经济特许用地，为2016年开业的制糖厂建立甘蔗供应基地。该厂与在柏威夏省租赁的土地相邻，预期将使该省成为亚洲最大的糖类生产基地，其产品将出口到欧洲、中国和印度。制糖厂是一个整体投资项目的一部分，该项目包括发电厂、化肥厂以及医院和学校在内的其他基础设施，总计投资15亿美元。

在柬埔寨和其他东南亚国家，对外援助一直是中国农业投资的重要组成部分。在柬埔寨，中国一家热带作物研究所与当地公司合作，启动了木薯和橡胶树种子的繁殖，并研究了木薯种植的机械化。上海国际问题研究所在一份关于中国与老挝合作的报告中指出，中国是老挝最大的外国援助捐助国。根据这份报告，中国在老挝2001~2009年的投资总额为12亿美元，包括水稻、玉米、甘蔗、橡胶、烟草和热带水果，主要分布在老挝北部。湖南省一家公司2016年将老挝生产的大米引入了中国市场，是"一带一路"合作企业项目的一部分。在老挝投资的水稻和其他商品项目说明，中国对外投资兼具商业意图和其他目标的特征。

2. 俄罗斯

与黑龙江省接壤的俄罗斯远东地区是中国农业对外直接投资的重点区

域。据中国商务部的统计，到 2016 年末，中国对俄罗斯在农业、林业和渔业领域的投资累计超过 30 亿美元。根据黑龙江发展研究中心的数据，自 20世纪 90 年代初，黑龙江的农户就开始在俄罗斯种植谷物和蔬菜并饲养牲畜。2005 年，黑龙江政府制订了一项发展战略计划，以扶持在俄罗斯的农业生产活动，包括公司投资和中俄政府之间的合作。截至 2011 年，黑龙江有40% 的县与俄罗斯地方政府达成合作协议，覆盖 690 万亩（46 万公顷）的俄罗斯土地。

2007 年，黑龙江省农业厅设立了一项基金，为对外农业投资项目购买设备和其他投入提供资金支持。许多项目涉及黑龙江公司或农民合作社，这些公司在俄罗斯租入土地、开展耕种，通常是通过当地县政府与俄罗斯相关政府部门协商安排。投资者利用中国的农机购置补贴购买机械设备，用于对外农业投资。2007 年启动的中俄现代农业合作区是首个国家级农业对外合作示范园区，拥有 6.8 万顷的俄罗斯农地，从事农业生产、加工、物流和有机食品的生产。

由于土地租金和能源价格较低，俄罗斯具有巨大的农业投资潜力。值得注意的是，中国投资者在俄罗斯生产的农产品很少出口到中国。同时，对进口商品征收的高关税、对运往中国的农产品征收的高额税费、法律执行不力、土地租赁合同取消、天气风险、较差的基础设施、工作签证限制以及政府间未能达成协议等因素使得在俄罗斯种植的农产品难以出口到中国。

中国政府已经采取措施削减从俄罗斯向中国出口产品的壁垒。2014 年黑龙江有关部门建议国家发展和改革委员会在 10～12 月免除中国农民在俄罗斯种植大豆的进口关税；升级中俄边境的检验和测试设施，以加快在俄罗斯种植的农产品的通关，并建立程序检疫俄罗斯的农产品，以加快其进入中国的速度；支持俄罗斯边境口岸的海关升级、简化检查程序，以促进中俄农产品贸易；推动签署从俄罗斯向中国出口油菜籽的协议，例如，中国一家大型国有企业与内蒙古自治区一家本地粮油企业合作，进口在俄罗斯生产的菜籽和其他商品，在中国边境口岸加工，然后在中国境内分销。

　　根据海关统计数据，直到近几年，俄罗斯生产的商品仍然很少出口到中国。从俄罗斯进口的大豆、植物油等微不足道。俄罗斯的大豆进口量从 2011~2012 年度（7月至次年 6 月）的 6.4 万吨增加到 2015~2016 年度的 43.1 万吨。从俄罗斯进口的植物油（主要是大豆油和菜籽油）从 2013~2014 年度的 0.8 万吨飙升至 2015~2016 年度的 22 万吨以上。谷物进口量（主要是玉米）在 2014~2015 年度和 2015~2016 年度较多，但从未达到 10 万吨。尽管增长速度较快，俄罗斯依然是中国最小的进口大豆的供应国，2015~2016 年度从俄罗斯进口的 43.1 万吨大豆仅占中国 8300 万吨大豆进口总量的很少一部分。

　　3. 南美地区

　　南美国家拥有丰富的土地资源，供应中国一半以上的大豆进口量，也是糖类、其他谷物、油料和畜产品的重要供应商。加勒比地区也是食糖的重要产地。

　　中国对这些地区的外交行动以及对基础设施的投资已经与农业投资活动联系在一起。2015 年，李克强出访拉丁美洲，以加强中国与该地区之间日益增长的经贸关系。巴西是访问的第一站，李克强与时任巴西总统杜塞夫签署了包括双边投资在内的贸易协议，以加强基础设施、能源、农业以及其他方面的双边合作。李克强特别谈到了中国购买巴西优质农产品的问题，而巴西将从中国进口与基础设施建设有关的机械设备。南美地区已经成为中国大豆、谷物和食糖的主要供应地，中国对南美地区农业的投资可以采取多种形式，包括使中国企业进入农业供应链的各个阶段，改善运输基础设施，以及通过外国援助和放宽贸易限制来改善外交关系。这些行动都可以促进中国从南美国家进口更多的农产品。

　　4. 澳大利亚和新西兰

　　澳大利亚和新西兰丰富的农业资源，使这些国家跻身于农业和食品加工业中，成为吸引外国直接投资的地区。中国与澳大利亚、新西兰之间的乳制品、牛羊肉和羊毛贸易的快速增长，得益于中国对乳制品和肉类需求的快速增长，以及双边自由贸易协议的生效。同时，中国也大量进口大麦、高粱、小麦等初级农产品以及奶粉、奶酪和婴儿配方奶粉等高价值农产品。

中国投资者正在进入澳大利亚和新西兰食品供应链的各个环节，即包括澳大利亚的食糖生产和小麦种植及新西兰的牛奶和肉类生产，也包括食品加工环节，例如，收购了新西兰的 Silver Fern Farms 和 Synlait Milk 等企业。此外，中国企业还在新西兰投资建立了新的乳制品加工厂。但是，中粮集团和北大荒集团在澳大利亚建立新的谷物码头的提议已经被取消。奶制品的投资尤其值得注意，中国对澳大利亚和新西兰的投资以及对公司的收购涵盖了从农场生产到产品出口的乳制品供应链的所有环节。2008 年后，新西兰和澳大利亚对中国的乳制品出口大幅增长。

澳大利亚和新西兰都与中国达成了自由贸易协定（Free Trade Agreement, FTA），其中包括降低许多农产品的关税。2009 年签署的中新自贸协定取消了进口农产品的大部分关税，使得中国从新西兰的农产品进口量有所增加。中澳自贸协定将在 2014~2025 年降低对澳大利亚乳制品、牛肉、绵羊肉、活体动物、葡萄酒、海鲜和园艺产品的关税。中澳自贸协定的贸易改革提高了中国在澳大利亚投资规模的上限，也提高了投资筛选程序的门槛。

5. 非洲

中国在非洲的农业投资是商业投资、对外技术援助以及非农业项目的混合体。

非洲大陆一直是中国对外技术援助的重点区域，在很多地区建立了农业技术示范中心。过去几十年，非洲获得了中国对外援助的 1/4。非洲的农业投资项目大多与道路、海洋港口、机场、铁路和学校的建设存在直接关联，这些基础设施建设与农业没有直接关联，但从长远来看，可以通过推动基础设施、技术和人力资本升级来促进农产品贸易。中国的对外援助和投资项目可以在非洲国家建立良好的商誉，为中国进口商和承包商创造商机。

中国在非洲 80% 的土地承包被用于 4 个大型橡胶和生物燃料的生产项

目，包括喀麦隆的 10.4 万公顷土地、马达加斯加的 3 万公顷土地、莫桑比克的 3 万公顷土地和马里的 2.6 万公顷土地。其余 17 个投资项目规模不大，平均只有 0.36 万公顷。中国烟草集团的子公司在莫桑比克的投资项目 2005 年仅有 20 公顷和一位签约烟农，2014 年发展到 387 位签约烟农，之后该投资项目扩展到马拉维、坦桑尼亚和赞比亚。中国政府支持的农业合作协议使中国企业免受津巴布韦经济所有权法的约束，该法案要求津巴布韦本地企业至少要拥有合资企业 51% 的股份。

但是中国对非洲的农业投资与中非食品贸易之间的联系比许多观察家所认为的要弱。从非洲进口的农产品仅占中国农业总进口的 2.5%。中国从非洲进口的农产品主要是烟草、棉花、羊毛、芝麻、水果、坚果，不从非洲国家进口大米或其他谷物，非洲国家则从中国进口粮食。

### 三、中国海外投资的企业选择

中国海外农业投资早期大多集中在未开发地区，从零开始进行农业生产活动，如发展中国家和俄罗斯远东地区，这些地区技术水平和单产都较低。近年来，越来越多的企业在发达国家并购或建立合资企业，获取销售网络、物流设施、加工设施以及商品标识，实现更高水平的海外投资。但在并购过程中，中国企业也遇到了许多政策障碍和投资风险，因而越来越倾向于与其他公司进行合并或合作。中国海外农业投资通常集中在管理专业知识和技术以及实物资产上。在许多情况下，中国公司意识到自身管理不足时，会采取被动的方式来管理所收购的公司，通常是保留现有管理者或聘请经验丰富的管理者。

2017 年商务部报告指出，2015 年农业、林业和渔业领域有 35 项并购交易，不到中国公司所有此类并购交易的 1%。在此介绍的公司（中粮集团、光明食品集团、新希望集团和万洲集团）都进行了大规模收购，但几乎所有收购都在食品加工、分销和物流领域，而不是农业资产，包括国有公司（中粮集团和光明食品集团）和私营公司（新希望集团和万洲集团）。所有公司都是由许多关联企业（有时是无关公司）组成的集团，这种业务模式最近几十年在美国和欧洲的公司中逐渐消失，但在亚洲仍然很普遍。

## 1. 中粮集团

中粮集团成立于 1949 年，是粮油和食品行业的龙头企业，主要从事粮油产品的进出口贸易。中粮集团是农业和食品行业中最重要的国有企业，业务范围涵盖面粉、大米、食用油、饲料、猪肉、食糖、奶类、酒类、羊毛和薯类产品的生产与加工。在这些行业，中粮集团建立了大量知名品牌，并开发了大量优质产品。作为国有企业，中粮集团具有服务消费市场、支持国家政策的双重目标，包括保障国家食物安全。

中粮集团"走出去"的历史也反映出其投资策略的演变。中粮集团的第一个海外商业活动是 1987 年在联邦德国建立了子公司，负责向欧洲出口冷冻和罐装蔬菜。2005 年在加蓬设立了子公司，负责采购、加工和出口热带林产品。2010~2011 年，中粮集团在智利和法国收购了葡萄酒庄，以满足国内居民葡萄酒需求的快速增长。2012 年，中粮集团收购了澳大利亚食糖企业 Tully。中粮集团对商品贸易企业的收购标志着其海外投资的重点从土地收购向贸易、物流和加工设施转变，即所谓的全供应链策略。例如，2014年，中粮集团收购了荷兰谷物贸易公司 Nidera 和 Noble Agri 的农业贸易业务的多数股权，并于 2016 年变为完全所有。收购这些商品贸易公司以及中粮对 Nidera 和 Noble Agri 的控股使中国在 26 个国家获得了生产、物流、运输、加工和销售网络，覆盖了拉丁美洲和黑海地区。中粮集团通过控制更大比例的全球农业资源来确保中国的粮食安全，这些收购也反映了创建大型、具有国际竞争力的农业企业集团的国家政策目标，该目标也包含在 2014 年和 2016 年发布的中央一号文件中。

2017 年中粮集团宣布与美国农业合作社 Growmark 建立合作伙伴关系，但此举在美国市场的影响并不那么明显。根据公告，Growmark 将帮助中粮集团在收购 Nidera 公司时获得伊利诺伊州粮食码头的经营权，同时帮助中粮集团采购玉米和大豆用于出口。如前文所述，中国大多数的海外投资者因缺乏融资渠道而受到限制，但中粮集团能够从政策性银行获得大量信贷，其中包括中国农业发展银行提供的 300 亿元人民币（约 47 亿美元）的信贷额度，用于 2011 年与粮食相关项目的投资；国家开发银行在 5 年内为其提供 300 亿元人民币的融资；中国农业发展银行于 2016 年启动另一个项目，资助与粮食安全和农业现代化相关的项目。

2. 光明食品集团

光明食品集团是上海市政府所有的企业集团。光明食品集团海外投资策略主要是在大洋洲和欧洲国家收购面向消费者的食品公司、乳制品和肉类供应商，与其他企业在欠发达国家以土地为中心的投资形成鲜明对比。与其作为国内主要乳制品龙头企业的地位相符，光明食品集团收购的重点是乳制品。2010 年收购了新西兰 Synlait Milk 的多数股权，2011 年收购了澳大利亚酸奶生产商 Manassen Foods 的多数股权，2013 年在新西兰成立了合资企业 Dunsandel Pure Canterbury，2014 年购买了以色列乳制品生产和销售商 Tnuva 的多数股权。其他收购项目则是针对中国居民新的消费需求。光明食品集团于 2012 年收购了一家法国酿酒企业、一家意大利橄榄油生产企业以及英国早餐谷物企业。光明食品集团在 2016 年收购了新西兰羊肉和牛肉生产企业 Silver Fern Farms 50%的股份。光明食品集团的收购规模高于大多数中国投资者，从收购 Synlait Milk 的 5800 万美元到收购 Weetabix 的 19 亿美元和收购 Tnuva 的 21 亿美元不等。

3. 新希望集团

新希望集团等一些中国民营企业已经成为重要的海外投资者。新希望集团是世界上最大的动物饲料生产企业之一，最早主要业务是饲料加工业，逐渐将发展重点放在中国的新兴需求和高附加值行业上。新希望集团已经在国内市场发展了禽肉、肉类和奶制品生产业，特别是在 2005 年与禽肉生产商六合集团合并，并且经营着多家奶牛场和加工厂。新希望集团也是中国较早开展海外农业投资的企业之一。自 1999 年在越南开设第一家饲料厂以来，新希望集团在东南亚地区的投资逐渐扩大。目前已扩展到埃及、蒙古和南非等其他发展中国家，主要定位在当地市场上销售饲料产品。

新希望集团的海外业务最近转向了牛肉、乳制品和贝类的生产和加工方面，开展了多个收购、合资项目，以期从中国的食物多元化消费中受益。投资重点区域已从发展中国家转移到澳大利亚和新西兰，包括对澳大利亚一家牛肉生产商的投资，并建立一家奶制品合资企业，以及与新西兰 Synlait Milk 达成合作协议，向其供应牛奶。新希望集团主要进行合资而不是直接收购，目的是在新西兰和澳大利亚建立起良好的商业信誉。

作为中国饲料行业主要的生产商，新希望集团还探索投资谷物贸易。2015 年，该企业收购了美国谷物贸易企业 Lansing Trade Group LLC 20%的股份。值得注意的是，新希望集团仅收购了 20%的股份，远低于中粮集团对 Nidera 和 Noble Agri 公司收购的股权份额。

4. 万洲集团

万洲集团，即双汇国际集团，拥有中国最大的肉类企业。2013 年，万洲集团以 47 亿美元的价格收购了美国肉类加工巨头 Smithfield Foods，这是中国对美国农业或食品公司最大的一笔收购。该收购使万洲集团成为全球最大的猪肉生产商。万洲集团还获得了 Smithfield Foods 在欧洲的肉类加工和生猪企业的股份，其中包括波兰的生猪和禽肉加工商 Animex 与生猪养殖企业 Agri Plus。Smithfield Foods 在罗马尼亚的分公司经营了该国最大的猪肉加工厂。2015 年，Smithfield Foods 以 3.54 亿美元的价格出售了其拥有的西班牙猪肉生产商 Campofrio 37%的股权。2017 年万洲集团收购了另一家波兰肉类公司 Pini Poland，并进一步扩大了美国业务，收购了 Clougherty Packing LLC，该公司拥有两个肉制品品牌和在美国西部的销售网络。

尽管万洲集团从未明确表述其收购 Smithfield Foods 的动机，可以观察到该公司一直试图满足中国不断增长的市场需求，以及学习 Smithfield Foods 先进的生产技术、安全和管理能力。这项收购得到了中国政府部门和银行的支持，以期提升中国猪肉生产行业的环境卫生和技术水平。中国猪肉产业分散度较高，产业关联薄弱。尽管双汇在 2005 年成为中国最大的肉类公司，但它只是具有猪肉专门加工能力的大型公司之一。大多数生猪都由小型屠宰场宰杀，并由当地的零售商和超市出售给消费者。政府部门要求加大生猪企业的加工能力，建设规模化养殖场，以及加强屠宰企业与养殖企业之间的关联。而 Smithfield Foods 拥有大型、技术先进的肉品包装设备以及对生猪养殖的垂直控制的经验，并大量从事生猪繁殖和饲养的技术研发。该公司拥有的 450 个养猪场能够容纳 93 万头母猪和 250 万头保育猪。Smith-field Foods 的母猪和育种场集中在北卡罗来纳州和弗吉尼亚州，主要用于生猪的繁殖，在北卡罗来纳州和得克萨斯州设有专门的研究机构。同时，还为2000 多个独立农场主和养殖户提供仔猪，每年饲养大约 1600 万头猪。美国中西部的"玉米带"是肥育猪的主要养殖地区，以充分利用本地丰富的饲料资源。万洲集团采取了相对保守的方式来管理 Smithfield Foods，并在收购后保留了其品牌、设施和管理人员，并在美国业务方面给予其相当大的自主权。

也有人认为万洲集团收购 Smithfield Foods 是为了从美国进口猪肉。在收购之后，万洲集团将 Smithfield 品牌引入中国。2015 年，开设了一家新的肉类加工厂，生产 Smithfield 品牌的美式培根、火腿和香肠，供应中国市场。2016 年 1 月，检验检疫部门在万洲集团总部所在地河南省漯河市设立了检验进口猪肉的设施，每年可处理 40 万吨肉。但是海关数据显示，此次收购对中国猪肉贸易的作用很小。中国猪肉进口在 2015 年和 2016 年急剧增长，但这一增长是因为那几年中国猪肉供应紧张和价格上涨，且大部分进口增长来自欧洲、加拿大和巴西，而非美国。

中国企业海外并购案例汇总，如表 7-1 所示。

表 7-1　中国企业海外并购案例

| 中国企业 | 年份 | 并购企业 | 所在地 | 业务 | 成交额（亿美元） | 股权份额（%） |
|---|---|---|---|---|---|---|
| 中粮集团 | 2011 | Tully | 澳大利亚 | 糖类 | 1.36 | 99 |
| | 2014~2016 | Nidera | 荷兰 | 粮食、食用油、糖类 | 14 | 100 |
| | 2014~2016 | Noble Agri | 中国香港 | | 14 | 100 |
| | 2017 | Growmark | 美国 | 粮食 | 未披露 | — |

续表

| 中国企业 | 年份 | 并购企业 | 所在地 | 业务 | 成交额（亿美元） | 股权份额（%） |
|---|---|---|---|---|---|---|
| 光明食品集团 | 2010 | Synlait Milk | 新西兰 | 奶类 | 0.58 | 51 |
| | 2011 | Manassen Foods | 澳大利亚 | 奶类 | 5.16 | — |
| | 2012 | Diva Bordeaux | 法国 | 酒类 | 未披露 | 70 |
| | 2012 | Weetabix | 英国 | 粮食 | 19 | 60 |
| | 2012 | Salov | 意大利 | 橄榄油 | 未披露 | 51 |
| | 2014 | Tnuva | 以色列 | 奶类 | 21 | 77.70 |
| | 2016 | Silver Fern Farms | 新西兰 | 肉类 | 1.97 | 50 |
| 新希望集团 | 2013 | Kilcoy | 澳大利亚 | 肉类 | 1 | — |
| | 2014 | Synlait | 新西兰 | 奶类 | 未披露 | — |
| | 2015 | Moxey Farms | 澳大利亚 | 奶类 | 1 | — |
| | 2015 | Lansing Trade Group | 美国 | 粮食 | 1.27 | 20 |
| 万洲集团 | 2013 | Smithfield Foods | 美国 | 肉类 | 71 | 100 |
| | 2017 | Clougherty Packing LLC | 美国 | 肉类 | 1.45 | 100 |
| | 2017 | Pini Polska, Hamburger Pini, Royal Chicken | 波兰 | 肉类 | 未披露 | 100 |

## 四、中国农业海外并购的挑战

由于国内外法律和制度体系上的差异，中国公司在收购海外公司时面临诸多挑战，需要适应不同文化的管理结构以及在被收购公司中容纳不同的价值观。《经济学人》上的研究发现，对中国公司的负面看法是成功进行海外投资的主要障碍，尤其是在资源型行业。在对中国公司的采访中，他们将较差的尽职调查、未能对被收购实体的愿景进行思考以及未与现有管理层达成共识视为常见的错误。

中粮集团的收购使其凭资产价值成为全球较大的谷物贸易公司之一，但该公司仍然遇到了意想不到的困难。中粮集团董事长于2016年离职后，新任董事长采用了一个相对保守的商业计划，其重点更多地放在为中国市场采购商品上，而不是成为一家全球范围的企业。同时，从其他跨国公司招募的几名主要高管和交易员也相继辞职，对公司造成了严重打击。收购 Nidera 公司之后不久，该公司由于"流氓交易员"而蒙受了巨大损失，并发现 Nidera 巴西业务的资产被夸大。当万洲集团进行首次公开募股筹集的资金少于预期时，承受了巨大的财务压力，从而削弱了其偿还为收购 Smithfield Foods 使用的贷款的能力。同中粮集团一样，光明食品集团对其两项最大的收购也倍感失望。在光明食品集团收购了以色列乳制品公司 Tnuva 的多数股票后，该公司的销售、利润和市场估值均出现了亏损。据报道，由于传统英国早餐谷物在中国市场的销售令人失望，光明食品集团收购了 Weetabix 股份的 5 年后，于 2017 年将其出售。

第八章

供应链高质量发展：农产品
批发市场的公益性探索

第八章与第九章是针对农产品批发市场开展的两项专题性研究。农产品批发市场是农产品供应链中的关键环节，也是农产品流通的主渠道。农产品批发市场是消费者的"米袋子""菜篮子"，有效保障居民生活必需品的供应，成为农产品保供稳价、解决卖难问题的重要渠道。随着电子商务、产地直供等流通新业态、新模式的发展，农产品批发市场的流通市场份额在不断稀释，农产品批发市场环境秩序不佳、管理粗放、溯源体系缺失等问题进一步凸显。第八章重点围绕农产品批发市场公益性，研究现有农产品市场运营体系下如何发挥农产品批发市场的公益性职能。第九章主要讨论在新的市场环境与信息技术快速发展的背景下，农产品批发市场如何能够实现转型升级。

# 第一节　研究背景

农产品批发市场作为一种流通中介组织，其本身并不参与批发交易，而是为交易提供场地和相关服务。"小农业、大市场"的农业生产现状决定了农产品批发市场成为我国农产品流通的主要渠道的地位丝毫不会发生改变。由于农产品季节性、地域性、周期性等不同于农业制成品的属性，农产品批发市场被赋予了更多的功能，不仅是农产品的集散中心，还是价格形成中心、信息传递中心等，国内学者将我国农产品批发市场的主要功能总结为：商品集散、价格形成、信息传递、交易结算和产品质量安全监管（刘雯等，2010；罗仲伟等，2012）。

改革开放之后，我国农产品批发市场经历了从无到有、迅速发展、盲目发展、有序发展和质量提升等多个阶段，逐步形成了覆盖全地域，多种经济成分，多种经营方式，产地、销地、集散地市场体系完整的农产品批发市场流通发展格局。20 世纪 90 年代中期以来，我国农产品批发市场确立了"谁投资、谁管理、谁受益"的建设原则，这种方式决定了我国农产品批发市场普遍都是按照企业化方式运营，利润最大化是市场开展业务的首要原则，农产品批发市场就是农产品交易的场地，市场主要通过向批发商收取交易费或场地租赁费获取经营利润（罗仲伟等，2012）。

农产品批发市场是我国农产品流通的主渠道，是农产品大流通体系的中枢，因此，农产品批发市场除了完成中转集散功能之外，还需要承担其他职能。鉴于农产品价格频繁出现大起大落、"菜贱伤农"及质量安全问题，很多专家学者把这些问题归因于农产品批发市场公益性职能的缺失。在对农产品批发市场公益性回归呼声日渐高涨的背景下，政府主管部门也开始日益关注农产品批发市场的性质。2012 年中央一号文件提出，建设一批非营利性农产品批发、零售市场；2014 年中央一号文件提出，开展公益性农产品批发市场建设试点，标志着公益性农产品批发市场将通过试点建设的方式进入实践阶段；2015 年中央一号文件提出，继续开展公益性农产品批发市场建设试点，标志着公益性农产品批发市场前期建设完成，同时需要进一步拓展；2016 年中央一号文件再次强调，推动公益性农产品市场建设，表明除农产品批发市场外，一些农贸市场、社区菜市场等也应向公益性市场转变。

# 第二节　农产品批发市场的公益性与市场化

## 一、公益性与市场化

公益性是一种公共利益，在一定范围内社会成员可以共同享有的利益，不具有排他性，而且能够为社会带来一些公共利益。具有公益属性的产品需要由政府来提供，如果产品由私人提供，私人的边际效益会小于社会的边际效益，个人的最优决策水平也会低于社会最低水平，进而出现公共产品供给不足的情况，无法实现资源配置最优化，难以保障社会的公共利益。

公益性产品与公共产品既有联系也有区别。公共产品具有非竞争性和非排他性等特征，但是公益性产品在强调"正外部性"的同时可能存在非竞争性与非排他性等公共产品的性质，公益性产品的核心是正外部性。在市场经济条件下公共产品需要协调效率与公平的关系，也就是公益性与市场性的关系，这种关系实质上是政府与市场的关系。这种关系主要包含两方面的内容：一是政府参与公益性领域的范围，也就是政府对市场化行为的干预程度及方式；二是公益性领域中政府可以采取的引入市场机制的方式。公益性与市场化的本质是公平与效率的问题，在经济发展过程中，公益性过度、市场化不足会造成市场进入低效率发展阶段，经济缺乏活力，而市场化过度、公益性不足的情况下经济水平将得到一定程度的快速发展，但是可能会使得基础设施投入等涉及公共利益方面的投入不足，成为制约经济发展的瓶颈（林毅夫，2017）。

## 二、农产品批发市场的公益性界定

农产品批发市场的公益性以增强宏观调控能力与民生保障能力为主要目标，对公共利益发挥正外部性，发挥行业标杆作用。公益性农产品批发市场具有保障市场供应、稳定市场价格、促进食品安全、推动绿色环保等公益功能。建立稳定供应机制，发挥市场对接产地、衔接销地的能力，确保为当地居民消费提供稳定货源，尤其是在突发事件发生时，能够及时保障市场供应；稳定市场价格，建立价格调节机制，利用市场发挥市场供求信息传递作用，改善供求信息不对称情况，引导生产，加强价格预警与监控，平抑物价；发挥农产品质量安全监督职能，市场建立质量安全检测机制，对不合格产品及时进行处理，防止进入下一级市场，引导上游农业生产实现规范化与标准化；引导行业建立绿色发展机制，对市场内的废水、废弃物进行绿色化处理，减少相关环保处理设施，提升农产品流通行业的绿色发展水平。

目前，我国大部分的农产品批发市场都是营利性的经济组织，公益性是政府的主要职能，如果要实现农产品批发市场的完全公益性，需要政府投资新建并负责运营农产品批发市场，一方面，这种方式大大增加政府的财政支出，目前我国农产品批发市场的投资者主要以私营公司制为主，部分是国有企业负责运营或控股，但都是按照现代公司制度进行管理，政府实现公益性职能的转变需要投入大量的资金收购或新建市场，这增加了政府的财政负担，从自由市场角度来说，这种对现代市场体系的过度行政化干预，不利于农产品批发市场建立现代化的市场体系。另一方面，如果政府直接进行农产品批发市场的运营，不符合现代市场经济的要求。

# 第三节　农产品批发市场公益性职能与目标

## 一、农产品批发市场的公益性职能

农产品批发市场的核心功能是将农产品从产地流转到消费者手中，为生产者销售农产品，为消费者提供物美价廉的商品。在实现人货场的空间转移的同时，还需要承担更多具有正外部性的公益性产品的职能，提供农产品的销售渠道，防止农产品滞销，出现谷贱伤农的情况；避免不法商户囤积居奇，价格大起大落，菜贵伤民；在农产品批发市场核心流通环节保障农产品质量，避免食品安全质量问题的发生。这些都是农产品批发市场的公益性职能的重要体现。农产品批发市场的公益性目标主要体现在以下几个方面：对于产地市场而言，引导农产品的生产，解决农产品的卖难买难，保障农产品质量安全；对于销地市场而言，稳定农产品市场价格，保障农产品的稳定供应，保障农产品质量安全；对于集散地市场而言，保障农产品流通效率，稳定市场流通价格，畅通交易信息。

## 二、农产品批发市场的公益性缺位的影响

目前，我国已经形成以农产品批发市场为中心的农产品流通体系，且现有农产品批发市场基本上都以企业化方式经营。2019 年我国有 1430 家农产品批发市场，其中综合性批发市场 634 家，专业性批发市场 796 家。改革开放之后，原有的流通体制被打破，新的流通体制不断发展完善，农产品批发市场作为市场化程度较高的行业，建立了较为完备的市场体系和运行机制。但农产品批发市场公益性职能缺位造成的影响逐步显现。

1. 基础设施投入较不足

随着经济社会的快速发展，农产品批发市场的基础设施投入难以满足实际需求。"重生产，轻流通"思想使得对流通领域的公益性认识不足，造成公共基础设施投入不足，使流通领域的基础设施发展滞后于社会实际需求。随着农产品批发市场职能的拓展和对农产品质量安全的关注，公共基础设施的需求进一步增加，如冷库仓储设施、环保卫生设施、质量监测设备等，这些投入投资大且利润回报率较低，现有农产品批发市场作为企业化的经营组织，出于企业经营利润的考虑，往往会减少公共基础设施的投入，这严重制约了农产品批发市场服务职能的拓展与经营业务质量的提高。

2. 农产品价格频繁波动，有效市场供给难以保障

企业作为"经济人"，以追求利润最大化为目标，单纯依靠市场的调节作用，农产品的短期"投机"行为会造成价格的频繁波动，出现产地与销地价格的巨大价差。农产品批发市场控制了市场流通的主要农产品，可以成为价格调控的重要手段，可是由于公益性职能的缺失，政府缺乏能够进行宏观调控的重要抓手。

3. 市场化运营的方式推高了农产品的流通成本

我国农产品批发市场按照"谁投资、谁管理、谁受益"的建设原则，对入场商户收取一定的费用，收取费用的方式主要有三种：第一种是收入

场费，每天对入场的经营户收取固定金额的进门费，这种方式属于农产品批发市场初期阶段的收费方式；第二种是收取摊位费，这是目前农产品批发市场采用较多的收费方式，商户根据场地面积向农产品批发市场缴纳一定的场地租赁费用，农产品批发市场与商户之间是房屋租赁关系；第三种是根据交易额或交易量收取费用，这种方式是世界上发展比较成熟的农产品批发市场普遍采用的一种收费方式，这种方式对农产品批发市场的基础设施有一定的要求，需要配备电子交易及结算设备保证这种交易方式的实施。各流通环节中摊位费、交易费等费用的重复收取，使农产品流通成本增加，最终这些成本都会转嫁到消费者身上，推高销售价格。前两种收费方式是目前国内农产品批发市场使用较多的方式，同时，我国流通环节多，从一级市场到二级市场再到农贸市场，多级市场体系使农产品层层加价，使得农产品的流通成本居高不下，产地与销地之间出现巨大价差。

## 三、农产品批发市场公益性目标方向

### 1. 满足销售需求的公益性作用

农业生产的特殊性决定了农产品批发市场的公益性。农业生产受到自然条件的影响，生产周期长，地域跨度大，需要通过市场流通、储存运输工具等社会化服务完成从生产端到消费端的产品转移，通过这种途径农民可以将农业生产的产品转化为农业商品，获得货币收入。流通不畅会引起一系列社会问题，如产品价格波动，大量农产品滞销，"谷贱伤农"，降低农民生产积极性。农产品批发市场有效地拓宽了农产品的集散渠道，突破了原有的地区性、区域性限制，逐渐成为面向全国的开放式的农产品流通网络。农产品批发市场运量大、流程长、集散快，迅速实现南北方农产品调运周转，形成全国大流通格局。在一定程度上满足了买卖双方扩大运销规模和交易空间、节省交易成本的需求。

保障农产品供应与稳定价格需要保持农产品批发市场的公益性。由于农产品受自然条件影响大，生产和供给比其他商品具有更多的不确定性，而其消费需求量则比较稳定。一旦受到不利的供给冲击，供给减少，市场价格将大幅度上涨；相反，当供给量增大时，市场价格将大跌，这就造成了农产品市场价格不稳定，波动幅度大。农产品批发市场可以通过信息渠道优势，迅速在其他地区集结货源，组织协调调运，避免由于物资短缺出现的价格上涨，能够起到迅速平抑物价的作用。当出现价格波动或物资紧缺的情况时，承担物资储备职能的农产品批发市场可以释放库存，增加市场投放，这种物资储备的职能也是一种公益性的体现。尤其是在突发事件或自然灾害发生时，农产品批发市场的物资储备或大宗货物调运的能力会进一步凸显，农产品批发市场可以积极发挥主渠道和蓄水池作用，集中调运物资，确保各地区农产品的有效供应，保障农产品供给和价格的基本稳定。

2. 满足质量安全控制需求的公益性作用

农产品的主要质量安全问题始于种养阶段，质量监管职责由农产品批发市场承担。2019 年我国人均耕地面积仅为 1.45 亩，户均耕地面积不足 5 亩，只有世界人均耕地的 1/4。资源禀赋的现实情况决定了我国"小生产"的农业生产模式，尽管我国农业生产向组织化、规模化方向发展，但是小生产格局的改变需要一个过程。为了适应小规模生产格局，形成了目前以农产品批发市场为中心渠道的农产品流通体系。刘畅等（2011）通过 1460 个食品质量安全事件的实证分析发现，中国食品质量安全事件发生最多的 3 个供应链环节依次是食品深加工环节、农产品生产种植养殖环节和农产品初加工环节，生鲜农产品的食品质量安全问题主要发生在种养环节，出于经济利益的考虑，操作不规范，不合理地使用化肥、农药等造成农药残留过多，也可能受到空气、水、土壤等污染而间接造成农产品的污染，这些都是造成农产品在种养环节出现食品安全隐患的重要因素。

流通环节需要加强对农产品质量安全管理的管控。早期小规模的分散化农业生产使得政府部门的监管难度增加，农业生产缺乏规范化、标准化的操作流程，农户在生产过程中很容易出现食品安全问题。政府部门应重视对产地农产品的质量监管，加强产地农产品的抽检，要求农产品在离开产地时必须开具产地证明，便于问题农产品的源头追溯等。农产品批发市场作为农产品的主要流通渠道，应该发挥质量安全监管作用，严格审核入场销售商户的销售凭证，如产地证明、检验合格证、食用农产品合格证等。有些农产品批发市场进一步发挥监管作用，设置质检实验室，对入场农产品按照品类进行不定期抽检，有些市场甚至可以做到每日抽检。产品抽检与审核也是农产品批发市场公益性职能的体现，在保证农产品集散的同时保证流通农产品质量安全。

3. 满足流通效率需求的公益性作用

农产品批发市场可以发挥信号塔作用，及时传递生产消费信息，指导农业生产，强化价格形成功能，降低市场交易成本。农产品批发市场可以提供农产品市场供求和价格变动的准确信息，发挥重要的市场导向功能，根据消费者的需求变动及时调整优化农业结构，引导农业生产者生产适销对路的农产品，提高我国农产品供给的有效性；农产品批发市场可以通过完善其服务功能，减少农产品流通环节，降低农产品的交易费用和流通成本，促进农产品产销衔接，引导农产品合理、有序流通，提高农产品流通的效率和效益。

通过农产品批发市场可以减少流通主体之间的信息不对称，引导农产品有序流通。农业供给侧改革的核心是充分发挥农产品批发市场在农产品生产和流通过程中的市场导向作用，从而优化和调整农业生产结构，提高农产品供给的有效性以及农业生产的效率和效益。实现这一目标要求农产品批发市场不仅能够为参与农产品交易的各方提供全方位的信息服务，包括有关农产品供给品种、数量、质量、价格、流向、库存水平以及消费者需求的变动特征等供求信息，而且需要建立权威的农产品信息发布平台，解决农产品供求信息分散、准确性不高的问题，减少市场主体之间的信息不对称，引导农产品有序流通。

4. 满足各方利益诉求的公益性作用

政府的介入方式决定了营利性与公益性这两种目标在农产品批发市场

环节的融合发展程度。当前我国农产品批发市场采用企业化的经营方式，这决定了营利性成为农产品批发市场经营的重要目标，这可能与政府追求的公益性目标存在冲突。农产品批发市场兼具营利性与公益性，如何融合这两种存在一定程度冲突与张力的目标成为农产品批发市场满足各方利益诉求的关键。

经过 30 多年的改革与经济发展，我国的经济实力、综合国力显著提高，财政实力显著增强，公共服务的供给能力也日益增强，政府的介入方式与介入程度直接影响农产品批发市场的市场性与公益性均衡发展的程度。政府介入方式是一个以完全依靠市场机制与完全依靠行政机制为端点的连续分布带，采用何种方式介入实际上取决于对效率的衡量。在这个连续分布带上，越靠近市场机制的一端，政府直接介入批发市场经营的程度就越低，即使对批发市场的经营实施相应干预（如补贴），也是以市场机制为基础的。与之相反，越靠近行政机制的一端，政府直接介入批发市场经营的程度就越高，这涉及政府以投资入股、完全投资建设甚至直接经营批发市场等方式，即越靠近这个端点政府对市场的替代、政府直接介入的水平越高，越有可能保证批发市场公益性目标的实现。如果市场全部由政府新建或转变一部分营利性的农产品批发市场，则政府的投入成本较高，财政负担过重，这种方式不会是最优方案。

# 第四节　农产品批发市场公益性的实现形式

## 一、保障市场供应及价格稳定

农产品批发市场主动延长经营范围至产地，可以通过多种方式建设产地批发市场和蔬菜生产基地；通过与市场内的大批发商、产地批发商或当地批发市场合作；通过自建、承租、托管等方式建立产地批发市场，在源头增加对农产品调配能力。此外，还可以通过订单方式与产地的农产品基地合作，通常的情况下，产地的农产品按照市场机制供应到农产品批发市场，但是如果出现供应紧缺、价格波动的情况，则充分发挥在产地批发市场、生产基地的优势，优先将农产品销往市场，增加市场农产品供应，平稳价格波动。

## 二、应对突发事件的保障措施

政府通过出资入股的形式与农产品批发市场建立农产品储备，制定完善的农产品储备制度。政府在储备库设置远程探头，确保储备数量和质量。储备期内蔬菜产权归市场，政府有使用权，储备投放市场时按市场价支付，产生的费用由政府补贴。市场代储期间，政府需要支付一定的储备费。

政府对农产品批发市场新建冷库等仓储基础设置给予一定比例的补贴与优惠。通过新建、回购、参股等方式，政府可以有效控制一些农产品批发市场中的基础设施。政府主管部门的投资可以设立专项基金或投资控股公司，政府设立管理委员会或国家公益市场集团公司，负责市场公益性设施的运营管理或委托有资质的社会企业进行管理（赵尔烈，2010）

## 三、控制农产品质量安全

政府对设置质量检测中心的农产品市场给予财政补贴。农产品批发市场必须设置质量检测中心，对进场交易的农产品按照品种进行抽检，对于检验不合格的产品报工商管理部门处理。政府通过补贴的形式弥补市场检验活动所需要的成本投入，主要包括检验设备和药剂等。对于一些不具备检测条件的市场，可以通过购买第三方服务的方式，对市场内农产品进行抽检，抽检产生的质检费用部分需要由政府承担。与此同时，各地区市场监督总局等主管部门在全国重点农产品批发市场设置检验中心或定期抽检，为农产品质量安全设置"双保险"。

## 四、推动农产品批发市场的信息化与规范化建设

由政府牵头建立权威、开放的农产品公共信息服务平台，系统收集、整理并及时发布准确的农产品供求及市场价格信息，有效发挥农产品批发市场的信息服务和价格导向功能。一方面，扩大农产品信息采集范围，全面收集农产品供求的品种、数量、库存状况、市场价格等信息，包括农产品主产区的品种、面积、产量、气候条件以及农产品消费需求的特征和偏好等，并组织专家对所收集的农产品信息进行整理、分析，开展中长期农产品市场供求及价格预测，引导农户合理调整农业产业结构；另一方面，建立权威的农产品信息发布平台，实现主要农产品批发市场的信息共享，及时发布准确的农产品市场信息（郝爱民，2013），并保证农产品市场信息传播渠道的畅通，以完善的信息服务引导农产品有序流通，提高农产品流通的效率和效益。

## 五、建立法律保障体系，明确农产品批发市场公益性内容

加快出台制定农产品批发市场的法律规范，以法律形式明确农产品批发市场的公益性地位，为批发市场的用地、税收减免等政策制定提供法律基础，同时，对农产品批发市场的建设、运营和监督等方面做出明确的规定，明确公益性职能的主要内容。

# 第九章

## 供应链高质量发展：农产品批发市场的转型升级

# 第一节　农产品批发市场发展历程

改革开放之后，我国开始了对内改革、对外开放的社会主义现代化建设之路，力图通过改变生产力与生产关系之间的不适应，激发市场经济的活力。与此同时，农产品批发市场经历了萌芽发展、快速发展、盲目发展、规范发展和质量提升阶段。

（1）萌芽发展阶段（1978~1984年）。中华人民共和国成立之后我国经历了短暂的自由购销阶段，城乡集市贸易逐渐成为这个阶段农产品供应的重要渠道与方式，同时也逐渐被固定下来，尽管后期进入计划经济体制之后，城市集贸市场逐渐成为了国营经济，农村的农贸市场在20世纪50年代一度被彻底取缔，直到20世纪70年代逐渐被恢复，因此，城乡集贸市场在计划经济体制时期一直存在且曲折发展。改革开放之后，在原有的农贸市场或集贸市场的基础上，由农民或个体经营者自发集聚成为早期农产品批发市场的雏形。此外，有些农产品批发市场来源于计划经济体制下的物资、商品、生产资料等供销流通部门的购销中心或场所；同时，政府以及工商管理部门等因势利导、主动建设，企业因势而动也新建一批市场（李群，2020）。

20世纪80年代初，国家为了进一步稳定城市农产品供应，提升居民生活水平，1984年中央一号文件中明确要求，在大中城市继续发展农贸市场的同时，有计划地建立农副产品批发市场。之后在北京、上海、深圳等试点纷纷建设农产品批发市场，寿光蔬菜批发市场就是当时第一家专业性农产品批发市场。

（2）快速发展阶段（1985~1990年）。经济体制改革步伐的加快也促进了流通体制的改革与发展。此时居民生鲜农产品消费存在严重的供需矛盾，为了缓解这一矛盾，1988年提出了"菜篮子工程"，为农产品批发市场发展迎来了契机，全国出现了一波建设批发市场的热潮，产地批发市场蓬勃发展，销地批发市场逐渐兴盛，20世纪90年代初期，大中城市销地批发市场的发展尤为突出，产销地批发市场规模并行扩充。

据有关数据统计，1986年批发市场数量为892家，1990年发展到1340家，是1986年的1.5倍。年成交额也迅速增长，批发市场在这一阶段进入了高速发展时期。

（3）盲目发展阶段（1991~1995年）。农产品批发市场在这一阶段作为新兴经济组织，国家为其提供了大量的优惠扶持政策，但是缺乏统一的规划与管理，使全国很多地区出现了盲目建设批发市场的热潮，在此阶段形成了以大型城市为核心、遍布城乡、多层次、多门类的市场体系，批发市场的数量出现了暴增，从1991年的1590家增长到1995年的3517家，连续5年的增长率都超过10%，由于批发市场的数量远远超过当时的实际消费需求，很多新建市场出现了有场无市的局面。

（4）规范发展与质量提升阶段（1996~2008年）。这一阶段国家及时制定政策，规范引导农产品批发市场的有序发展，完善农贸市场管理体系，要求工商等国家部门不能参与农产品批发市场的直接经营，工商部门作为管理方合理规划与调整农产品批发市场的数量，建立规范有序的市场经营环境。之后农产品批发市场的数量开始趋于稳定，2000年甚至出现了负增长，但是年交易额一直保持稳长态势，农产品批发市场进入了规范发展时期。

随着经济社会的迅速发展，尤其是加入世界贸易组织之后，我国经济发展水平进入了新的发展阶段，对农产品批发市场的发展提出了更高的要求，以实现规范化、制度化和法制化为目标。2002年之后，国家有关部门先后启动"国债项目""标准化市场工程""三绿工程""双百市场工程""升级拓展5520工程"等项目，支持农产品批发市场的提档升级与规范化整治。因此，全国各地农产品批发市场开始了提档升级改造工作，农产品批发市场的基础设施更加完善，"脏乱差"的卫生环境问题被整治规范，服务功能进一步拓展。

# 第二节 农产品批发市场发展现状

## 一、农产品批发市场规模进一步稳中有降，成交额不断提升

2000~2008 年，国家相关部门加强了对批发市场乱象的整治与管理，农产品批发市场的数量显著减少，甚至出现了负增长，与此同时，批发市场的管理与运营被进一步规范化。2008 年之后，农产品批发市场的发展更加趋于成熟，从全国来看，数量稳步增长，如图 9-1 所示，2012 年之后农产品批发市场的数量逐年减少，但是整体降幅不大，年均增长率为-3.4%。2012 年，商务部出台《关于加快推进鲜活农产品流通创新的指导意见》，指出"鼓励生鲜农产品流通企业跨地区兼并重组与投资合作"。2012 年之后，农产品批发市场由于兼并重组等原因，数量小幅减少，但是年成交额增长迅速，年均增长率超过 11%。2019 年农产品综合市场与农产品专业性市场的年交易额分别为 13098.57 亿元和 18787.34 亿元，如图 9-2 所示。

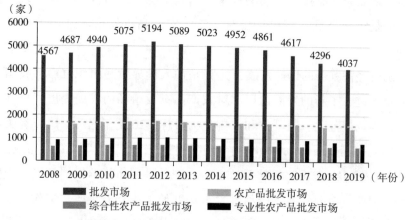

图 9-1 2008~2019 年全国批发市场与各类农产品批发市场数量变动情况

资料来源：《中国统计年鉴 2020》。

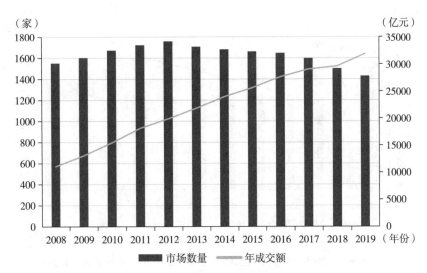

图 9-2　2008~2019 年我国农产品批发市场数量及年交易额

资料来源：《中国统计年鉴 2020》。

## 二、农产品综合市场与专业市场优势互补，农产品批发市场体系初步形成

我国农产品批发市场分为专业性批发市场与综合性批发市场，目前来说，我国综合性农产品批发市场的数量比较稳定，2012 年经历小幅的增加后，迅速减少，基本上维持在 600 家左右。我国专业性市场主要包括专门销售粮油、肉禽蛋、蔬菜、鲜果、水产品等几大类农产品的市场，从市场数量来说，远远多于综合性农产品市场，2011 年开始经历了三年的快速发展期，之后市场数量快速减少，2019 年专业性市场的数量为 796 家，距离高峰期关闭了 248 家，如图 9-3 所示。其中，蔬菜专业性农产品批发市场数量较多，30% 左右的专业性农产品批发市场进行蔬菜批发，如表 9-1 所示，这主要由蔬菜不易储存、需求量大、远距离运输、季节性明显等特性决定，使得更多农产品批发市场成为供应链媒介，近几年来，蔬菜专业性农产品批发市场数量明显减少，出现萎缩态势，这可能由于电商、超市等新兴模式的挤压与冲击。

图 9-3　2008~2019 年我国综合性与专业性农产品批发市场数量

资料来源：《中国统计年鉴 2020》。

表 9-1　专业性农产品批发市场数量

单位：家

| 年份 | 农产品市场 | 粮油市场 | 肉禽蛋市场 | 水产品市场 | 蔬菜市场 | 干鲜果品市场 | 其他市场 |
|---|---|---|---|---|---|---|---|
| 2008 | 921 | 99 | 111 | 132 | 280 | 128 | 171 |
| 2009 | 946 | 102 | 116 | 142 | 289 | 136 | 161 |
| 2010 | 981 | 109 | 124 | 150 | 295 | 147 | 156 |
| 2011 | 1020 | 111 | 114 | 157 | 313 | 147 | 178 |
| 2012 | 1044 | 111 | 121 | 160 | 312 | 147 | 193 |
| 2013 | 1019 | 103 | 134 | 150 | 312 | 137 | 183 |
| 2014 | 999 | 105 | 126 | 145 | 304 | 136 | 183 |
| 2015 | 979 | 103 | 125 | 145 | 299 | 129 | 178 |
| 2016 | 966 | 106 | 116 | 141 | 293 | 129 | 181 |
| 2017 | 937 | 100 | 108 | 139 | 274 | 124 | 192 |
| 2018 | 853 | 85 | 101 | 134 | 244 | 113 | 176 |
| 2019 | 796 | 81 | 93 | 127 | 224 | 105 | 166 |

资料来源：国家统计局网站。

　　经过多年的建设和发展，我国已初步形成专业性与综合性相结合，产地、集散地与销地相衔接的农产品批发市场体系。不同类型的农产品批发市场内部结构完备，且功能区域完善，形成了不同类型、不同批发环节、不同区域的市场频繁交易的局面（马增俊，2015）。从农产品批发市场区域分布上来说，呈现出东部地区数量多、规模大、发展快、功能多元，西部地区数量少、规模小、发展慢、功能单一的区域发展格局。2008~2019 年专业性农产品批发市场年成交额如表 9-2 所示。

表 9-2 2008~2019 年专业性农产品批发市场年成交额

单位：亿元

| 年份 | 农产品市场 | 粮油市场 | 肉禽蛋市场 | 水产品市场 | 蔬菜市场 | 干鲜果品市场 |
|------|------------|----------|------------|------------|----------|--------------|
| 2008 | 7199.89 | 812.54 | 490.28 | 1565.96 | 1888.67 | 1150.72 |
| 2009 | 8522.31 | 1244.28 | 623.31 | 1689.30 | 2449.32 | 1403.64 |
| 2010 | 9990.86 | 1417.70 | 682.81 | 1958.14 | 3010.11 | 1662.71 |
| 2011 | 11829.72 | 1371.61 | 756.47 | 2567.61 | 3191.95 | 1863.86 |
| 2012 | 12878.67 | 1585.82 | 872.57 | 2819.68 | 3521.47 | 1982.04 |
| 2013 | 13760.76 | 1507.03 | 1028.20 | 2648.95 | 3703.63 | 2316.49 |
| 2014 | 14653.47 | 1690.06 | 1151.23 | 3025.15 | 3656.35 | 2479.04 |
| 2015 | 15580.87 | 1804.35 | 1200.07 | 3116.56 | 3889.49 | 2823.00 |
| 2016 | 16539.21 | 1602.36 | 1352.96 | 3048.61 | 4149.54 | 3092.70 |
| 2017 | 18365.68 | 1578.49 | 1266.27 | 3487.63 | 4137.04 | 4582.94 |
| 2018 | 17308.66 | 1684.66 | 1317.95 | 3577.73 | 3845.97 | 3798.29 |
| 2019 | 18787.34 | 1885.43 | 1882.75 | 4130.99 | 3742.97 | 3868.33 |

资料来源：国家统计局网站。

## 三、农产品批发市场投资主体多元，企业化运营为主

长期以来，我国农产品市场处于"谁投资、谁管理、谁运营、谁受益"的模式，农产品批发市场的投资方或管理方较为灵活多元，国资企业、集体企业、民营企业等都可以参与运营。央企、国企投资兴办的农产品批发市场中相当一部分属于亿元级的农产品批发市场，如深圳海吉星农产品批发市场、南京众彩物流市场、重庆双福农产品批发市场等；集体企业兴办

的农产品批发市场有北京新发地市场、长沙红星市场等；民营企业也是投资建设农产品批发市场的重要力量。行业协会、外资主体也可以投资参与农产品批发市场的建设，还有多方投资兴办的农产品批发市场。农产品批发市场的投资完全遵循了市场化的运行方式，主体更加灵活多元，但这也增加了无序恶性竞争的可能，对政府监管与审批提出了更高的要求。

由于投资主体的多元化，大量社会资本参与到农产品批发市场的建设与运营之中，使得绝大多数的农产品批发市场实行企业化运营模式，以获取利润最大化为主要目标，在相当长一段时期内，农产品批发市场的公益性功能被大大弱化，农产品价格波动频繁，农残超标等质量安全问题频发。地方政府出于提升地方财政收入和招商引资的考虑，缺乏统一规划，批准建立大量农产品批发市场，出现了农产品批发市场闲置或恶性竞争等不良社会影响。2012年和2014年两年的中央一号文件都明确提出，建设一批非营利性农产品批发市场，开展公益性农产品批发市场的试点建设工作。这也说明我国农产品批发市场行业发生了阶段导向性的变化，需要适度强化农产品批发市场的公益性。同时，农产品批发市场的发展方向需要遵循当前我国经济社会发展阶段的要求，不断调整优化。

# 第三节　以农产品批发市场为主渠道的国际经验总结

## 一、西欧模式

以荷兰、比利时、德国等为代表的西欧国家主要在批发市场内进行全国性的联合拍卖。各大批发市场通过计算机和特定的通信线路进行全国统一联网，每个批发市场内部均设有多个"荷兰钟"拍卖系统，同时显示不同拍卖市场的商品价格，买主可以在一个市场内竞价购买全国市场上的农产品。西欧模式有以下特点：第一，批发市场是农产品流通的主渠道。第二，各大批发市场实行全国联网、统一拍卖，整个农产品链条上的第一个价格形成中心在全国联网的批发市场内。第三，对进入批发市场的农产品实行全国统一的质量和规格标准，对同类产品不同批发市场不采取不同标准。第四，农产品批发市场由农民或种植公司联合举办，主要采用生产者入股的方式，大部分生产者本身就是农产品拍卖市场的股东，拍卖市场真正变成了种植者共同拥有的公共交易平台，而市场管理委员会成员则由股东们选举产生的董事会任命。

## 二、东亚模式

以日本、韩国和中国台湾地区为代表的东亚模式的农业生产者规模普遍较小，明显存在着小生产与大市场之间的矛盾，而农产品批发市场的存在和发展在很大程度上缓解了这一矛盾。以日本、韩国和中国台湾地区为代表的农产品流通表现为"以农协或农会为主体、以批发市场为主渠道、以拍卖交易为主要手段"的委托代销制模式，具体而言有以下特点：

第一，以农协或农会为主体，即生产农户有专门的合作组织，统一整理归类农户生产的农产品，所有农产品由农协或农会统一组织销售；农协或农会在农产品流通中扮演极为重要的角色，是农产品流通的主体。

第二，批发市场以拍卖为主要交易手段，整个农产品产业链环节的第一个价格在农产品批发市场内以拍卖方式形成。

第三，实行批发商委托代销制，即农协或农会将农户生产的产品委托给在批发市场内提供批发服务的批发商，批发商没有产品的所有权，赚取的是佣金。农户的产品话语权不是结束在地头市场或集货市场，而是一直延伸到和消费者对接的批发市场，最大限度地保证了农户的产品价格话语权和生产收益。

第四，农产品批发市场被当作一项社会公益事业来建设，政府统一规划、严格审批，有比较健全的批发市场法律法规作为制度保障。

第五，实行严格的市场准入制度，进入批发市场提供批发服务的批发商和采购商均需要经过政府的资质审核，杜绝批发市场中的"投机倒把"。

# 第四节 农产品批发市场转型升级发展趋势分析

## 一、有步骤地恢复农产品批发市场公益性职能

农产品批发市场是我国农产品流通的重要渠道，在稳定城乡农产品供应、解决卖难等方面发挥了重要作用，我国农产品流通环节多、流通过程长、物流损耗比较大，造成农产品价格波动大、质量安全问题频发和监管难度大等问题，国内研究学者认为，出现这种问题的主要原因是农产品批发市场作为流通主渠道的公益性职能缺失（李志博，2014；刘雯等，2011）。

2012年中央一号文件提出，鼓励有条件的地方通过投资入股、产权置换、公建配套、回购回租等方式，建设一批非营利性农产品批发、零售市场。2014年中央一号文件又提出，开展公益性农产品批发市场建设试点。这说明政府部门开始重视农产品批发市场的公益性建设。政府希望达到的农产品批发市场的公益性目标主要体现在五个方面，即保障城市市场的供应、稳定农产品价格、保障农产品质量安全、引导农产品生产和解决农产品卖难问题（张闯等，2015）。

农产品批发市场的公益性回归得到了各方的认可，但是公益性的实现方式不是很明确。如果全部农产品批发市场由政府部门主导管理或新建，一方面，这是违背市场经济的运行规律的，政府这只"看得见"的手应尽量减少对经济运行的直接干预，发挥经济主体的能动性。另一方面，目前国内农产品批发市场的投资主体除了国营经济外，还有大量集体经济、私营经济等作为农产品批发市场的主要投资方，政府如果以投资入股、回购、

回租等方式恢复批发市场的公益性，巨额的资金投入可能会使这个目标难以实现。

## 二、数字化转型升级是农产品批发市场的必然选择

在"互联网+"、大数据、区块链、人工智能等新技术的带动下，农产品批发市场的数字化改造进程也在加速。市场经营者认识到传统农产品批发升级改造的必要性，努力推动农产品批发市场的数字化转型之路。农产品批发市场利用互联网等技术手段对接线上可以产生大数据，而大数据对形成价格、传递信息、提供服务、精准营销、食品追溯等方面都有重要作用，生产端能更加直观地了解市场的总供给、总需求。通过大数据平台重构供应链，帮助批发商整合全国甚至国际资源，使整个产业链形成良性循环。农产品批发市场的数字化升级改造与发展能够有效推动中国农产品供应链的完善，是解决农业供给侧结构性矛盾的主要抓手。

生鲜农产品的非标性、易腐性、易损性、季节性、地域性、周期性等迥异工业品的特殊性使得生鲜农产品成为应用电子商务流通渠道较晚的产品。农产品电子商务作为一种新型流通平台，打破了传统流通渠道对时间与空间的限制，可以依托互联网技术实现物流、货流、资金流、信息流等自由流动，减少流通环节，降低了交易成本，成为重要的流通渠道。2019年中国生鲜电商行业市场交易规模达2796.2亿元，较上一年增长36.7%，生鲜电商行业逐步进入快速发展时期。

农产品批发市场一直是生鲜农产品的流通主渠道，但是随着我国经济与社会的快速发展，居民消费升级加快，农产品批发市场已经难以适应当前居民消费新特征。农产品电子商务的技术、运营模式等逐步趋于成熟，农产品批发市场可以充分依托电子商务实现线上线下融合发展。

"互联网+农产品批发"将成为未来农产品批发市场发展的主要模式。首先，要充分发挥市场作用，实现数字化、智能化、规模化管理，市场内部注重数据采集、信息发布、智能支付、溯源管理、电商应用等，加速与电商平台合作，拓宽农产品销售渠道。其次，建立农产品追溯体系，将系

统进行深入整合，健全食品安全追溯体系，将肉、菜、水产、水果等行业纳入农产品批发市场的全面管理，对市场商户采购进货、食品检测、交易明细、销售终端等方面数据进行存储，打造健全的市场多环节信息数据库。最后，对于消费群体，应擅于运用技术手段，运用大数据分析消费者的消费习惯、关联消费特点等，深入分析消费者购物偏好，精准找到扩大消费群体的营销点，发展相关产品体系，扩大消费群体，促进"互联网+农产品批发"模式发展。

## 三、产业链条不断延伸

农产品批发市场传统经营模式亟须改变。农产品批发市场一直是农产品集散的重要场所，我国大部分农产品批发市场的经营者与商户的关系是物业租赁关系，管理简单粗放，收入结构单一，缺乏系统化的服务意识，使农产品批发市场的经营商业模式极为落后，无法适应当前国内流通高质量发展的要求。因此，农产品批发市场需要在完成基本保障供给、产品集散等职能的同时，不断扩张市场职能，例如，农业农村部发布的《全国农产品产地市场发展纲要》中明确指出，全国性的产地市场需要打造五大中心，即价格形成中心、产业信息中心、物流集散中心、科技交流中心和会展贸易中心。五大中心充分提炼参考了日本、韩国等发达国家农产品市场体系发展经验，为我国农产品市场发展指明了方向。

以流通端为核心，向上下游产业链进行业务拓展，构建农产品"生鲜端—流通端—销售终端/消费终端"三点一链的农产品流通体系。随着居民生活节奏加快，居民的消费习惯与消费模式发生了较大变化，尤其是今年疫情之后，无接触购物、线上购物、到家服务等新型消费方式被更多的消费者所使用，并逐渐被固定下来，甚至中老年人也已经成为这种方式的客户群体。因此，集采集配、中央厨房、净菜加工等适应现代居民消费习惯的新型消费方式可以成为农产品批发市场延长产业链的重要方向，依托市场自身便捷的集货能力与价格优势，打造集农产品分拣包装、初加工、精深加工、定点生产、质量安全监测、营养成分监测、冷链仓储、物流配送等多项功能为一体的农产品区域集配中心，不断延长产业链，提升价值链，引导农产品批发市场向新型供应链服务企业转型。

## 四、以农产品批发市场为重要供应链节点的追溯体系

农产品质量安全管理一直是农产品批发市场的重要功能之一。由于过去农产品批发市场的质量安全管理意识不到位，监管力度不足，质量安全一直是农产品批发市场的薄弱环节。但是随着近几年政府的监管力度增加，农产品批发市场在农产品质量安全保障方面发挥了重要作用，政府明确要求在农产品批发市场设置质检中心，对入场生鲜产品、农副产品进行抽检，尤其对于生鲜农产品农残等的相关检查成为农产品批发市场质检的重要内容。

在农产品质量安全管理过程中发现了农产品质量追溯体系建设的重要性，通过追溯体系的建设，一是可以实现农产品的溯源，保护消费者的合法权益，详细获取农产品的来源、流通环节等信息，发现问题后能够及时处理解决并追责，保障消费者权益。二是便于政府监管，一旦发现有风险的产品，通过追溯系统可以及时追踪到产品的流通信息，及时对问题产品进行查封或召回，减少危害，同时，快速确定出现问题的流通环节，减少问题产品进入其他流通环节的可能。三是追溯能够提供更多农产品的信息，如来源、成分、生产、运输、销售等环节的信息记录，便于各方及时查验。

我国农产品超过 70% 的经销量是通过农产品批发市场进行的，同时，农产品批发市场已经建立了从产地市场到中间市场和销地市场的多级流通网络体系，在这个体系中每级都发挥着质量监管的重要作用，农产品批发市场是实现农产品溯源体系建设最好的载体，区块链、物联网、5G 技术等的使用为农产品批发市场的数字化转型提供了重要的技术支撑，农产品批发市场充分利用目前新技术发展的契机，加强溯源体系建设，成为政府加强行业监管、提升农产品质量安全管理的重要场所。

# 第五节　实现农产品批发市场
# 转型升级的对策措施

　　国内国际双循环相互促进的新发展格局驱动各个行业实现数字化与信息化的转型升级，农产品批发市场作为农产品流通的重要节点及供应链的核心，需要抓住机遇，尽管传统农产品批发市场面临难度大、跨度大等困境，但是目前我国的数字技术与互联网行业迅猛发展，在国内国际双循环相互促进发展新格局的建设背景下，农产品批发市场可以探索出一条数字时代具有中国特色的传统农产品批发行业的转型之路。

　　一是加强顶层设计和整体规划，合理布局。根据各地区辐射能力与人口密度等因素，合理规划农产品批发市场布局，避免恶性竞争。各级流通管理部门应加大对农产品物流网络节点体系建设的帮扶力度，积极吸引投资。在规划设计中，要重视功能重组、资源互享、因地制宜、能力互补，实现农产品批发市场的合理规划与布局。

　　二是完善数字化转型过程中的制度与扶持政策。通过农产品批发市场的数字化转型，可以让政府部门及时获取市场信息，成为进行宏观调控的重要手段与工具。目前，我国的数字化系统及互联网技术日臻完善，但是市场实现转型需要配套一系列的基础设施，需要对现有农产品批发市场的商户开展相关培训与宣传推广，需要国家发展改革委、商务部等主管部门提供财政资金的支持及推进配套优惠政策。为了提高财政资金的使用效率，主管部门可以设置专项资金，由农产品批发市场先行垫付一部分进行升级改造，待验收合格后再进行剩余资金拨付，提升财政资金的使用效率，对市场产生较好的激励作用。

　　三是农产品批发市场不断延长产业链，转变与商户的利益联结方式。随着电商、宅配等新业态对市场的冲击不断加大，农产品批发市场主动应对，延长自身的产业链，如开展集采集配、社区直通车、净菜加工、中央厨房等新模式，利用自身货源的优势增加农产品附加值，延长产业链。通过产业链的延长密切与商户的利益联结，从单一的物业租赁关系向多领域的合作伙伴关系转变，让更多的商户成为产业链延伸的直接受益者，进一步推动商户采用数字化技术。

# 专栏1　农产品批发市场的数字化转型升级调研

## ——基于深圳 HJX 农产品批发市场的典型案例研究

2019 年深圳市的常住人口为 1343.88 万，总面积为 1997.47 平方千米，耕地面积为 36.2 平方千米，仅占全市土地面积的 1.81%。结合现有耕地数量、质量和人口增长、发展用地需求等因素，深圳市的优质耕地资源和人均耕地面积仍面临严重减少的趋势。耕地资源的短缺决定了深圳市农产品供给主要依靠外地市场调入，以满足本地区居民对农产品的需求。

农产品质量安全检测与质量追溯成为严格管控进入深圳当地农产品品质的重要方式。深圳市政府高度重视食品安全质量监管，认为深圳市的食用农产品质量安全监管应以流通环节为重点，从源头抓起，融合发挥监管力量，促使监管效能最大化。进一步发挥内外部衔接机制，加强农业食品专项资金政策导向作用，实行监督检查和考核等保障措施，推进食用农产品质量安全的全链条监管，确保全链条监管取得实效。

HJX 市场是深圳市政府规划的一级农产品批发市场，是深圳市农业龙头企业，作为一家全国资背景的流通企业，更加需要发挥严格把控农产品质量安全的作用。HJX 市场率先引进及使用先进的信息技术，大力发展电子化交易系统、门禁登记系统、农产品电子销售台账系统等，引进第三方质量检测中心进驻市场开展独立质量检测，建立一套农产品从入场到出场的电子化可追溯体系。

## 一、电子入场门禁系统

市场自主研发电子门禁系统 APP，整个市场设置唯一的入口。每个商户有唯一的账户与密码进入 APP，在载货车辆进入市场之前，提前将入场车辆车牌、司机姓名、货品品类、货物重量、货物来源、质检报告等信息在电子门禁系统中进行填写备案。如果信息填写完成，车辆可以在市场入口处直接进场，无须停留，减少了传统市场在入场前的称重、登记等工作，大大节约了商户的入场时间。整个系统的响应速度也很快，只要商户能在车辆进入市场之前填写相关信息，信息会迅速进入门禁系统，几乎无延迟地实现车辆的快速通过。

电子门禁系统在 HJX 农产品批发市场发挥了两个重要的作用：一方面，门禁系统实现了对入场产品信息的采集，实现了向供应链上游的溯源。市场也获取了进入市场产品的信息，包括品类与重量，为了保证产品信息的准确性，市场专门成立了巡查队，每天对入场农产品的信息进行核查，确保商户的信息尽可能地填写准确。商户在这一环节需要提交产品的质检报告，如果没有质检报告，需要将销售农产品主动送到市场的第三方质检中心进行检测。另一方面，相较于传统市场，电子门禁系统大大缩短了商户的入场时间，传统市场车辆入场前需要地磅称重，有些市场会登记货品信息，在交易高峰时期就会造成大量车辆滞留拥堵，甚至堵塞周围道路交通，通过电子门禁系统提前完成入场停留，利用射频识别技术（Radio Frequency Identification，RFID）迅速识别已登记车辆，快速放行入场，这大大节约了车辆在入场阶段的停留时间，为场内交易预留出更多时间，改变农产品批发市场交易繁忙混乱的景象。

## 二、第三方质量检测中心

HJX 市场是国内首家引进第三方质量检测中心开展独立检测的农产品批发市场，这家质量检测企业专门从事农产品的质量检测，除了农产品批发市场的质量检测业务外，企业还与国内多家连锁超市或大型食品加工企业合作，建立起"产地—流通—销售"的质量检测数据全链条，实现全程可追溯。通过识别产品包装二维码，可以看到农产品完整的质量检测信息。

HJX市场是深圳农产品质量的门户，需要严把质量关。入场的农产品需要全部进行检测，商户要主动将每批产品的样本送到第三方质量检测中心进行检测，如果在入场门禁系统中提交产品质量报告，准予免检。检测费用由商户与市场共同承担，商户检测费用为10元/天，市场每年向第三方质量检测中心支付1000万元以上的检测费用。同时，市场巡查队定期在市场内对农产品质量进行抽检，如果抽检发现不合格，根据规定商户需要交纳罚款。整个检测数据都连接后台数据中心，如果发现某些商户长时间没有送检，巡查队将重点进行抽检。

## 三、电子结算系统

电子门禁系统能有效地追溯上游信息，电子结算系统（电子销售台账系统）的目的主要是了解销售信息，明确产品的去向。电子结算系统较早已经在农产品批发市场中使用，国家还专门出台了农产品批发市场电子结算的国家标准，规范行业使用情况，但是整体来说，国内市场电子结算的使用情况并不理想，普遍存在基础设施闲置的问题。一方面，硬件问题，支付手段、支付技术更新速度较快，农产品批发市场电子结算设备没有及时进行更新；另一方面，商户的主观原因，商户担心自身商业信息泄露，不愿意使用电子结算系统。造成电子结算在中国农产品批发市场的使用比例明显低于其他发达国家，这与我国农产品市场交易方式有很大关系，商业信息是农产品批发市场商户进行贸易的关键。

HJX市场积极研发新的电子结算设备，尽可能适应农产品批发市场应用场景，同时能够满足当前支付手段与支付技术更新，过去农产品批发市场以现金交易为主，效率低，大量携带现金不安全，存在假币的可能性。随着互联网技术的发展，支付宝、微信成为当前使用最多的支付方式。电子结算设备能够满足这些技术更新的需要，为商户提供交易的便利，提升商户的使用意愿。

电子销售台账系统是 HJX 市场目前使用的供应链下游信息追踪的主要方式。商户需要准确填写销售人的姓名和电话、商品名称等信息，同时市场要求商户必须给销售者提供出货单，并且商户要保留副本，实现产品销售信息的可追溯。

## 四、冷链追溯系统

农产品批发市场受到政府、市场管理者及居民的重点关注，尤其是对于利用冷链运输至国内的。因此冷链产品的追溯体系在现阶段显得尤为重要。

HJX 市场已经开始研发冷链追溯系统，并逐步应用。市场冷链追溯系统利用了区块链技术与专利防伪码，实现了每个环节信息可追溯且无法篡改，保证信息的真实性与有效性。以泰国进口的冻品为例，冷链追溯系统包含产品信息（品名、产地、国家、企业名称等）、流通信息（进口商名称、入境时间、入境地点）、集中监管仓信息（进口商名称、是否进行消杀）、海关进口货物报关单、入境货物检验检疫证明等。所有的信息都被直接接入中央数据后台处理中心，各环节信息无法进行篡改。

HJX 市场是目前国内农产品批发市场中数字化转型的典型代表，结合农产品市场业务的实际情况，根据自身业务需求，充分利用当前数字化信息技术，建立符合农产品批发市场的数字化转型模式。HJX 市场数字化模式的成功搭建主要有以下几方面原因：一是得益于深圳市政府对农产品质量安全监管的高度重视，作为深圳市唯一的一家一级批发市场，应该严格控制流入市场的农产品的品质；二是 HJX 市场是一家国有资本全资企业，企业愿意提供资金与人员投入，让市场进行技术、设备的研发和新模式的探索，以凸显市场的公益性示范职能；三是市场管理团队的专业性。市场很多新技术的使用充分考虑了市场商户的实际需要，在完成市场的公益性职能同时，更需要兼顾效率，只有这样才能让更多的商户享受到信息技术发展的便捷，商户更愿意去采用新技术，而不是一味地抵触，增加推广难度。

农产品批发市场在数字化转型过程中需要兼顾质量与效率，即保证农产品的质量安全，同时兼顾农产品批发市场的运行效率。农产品批发市场是我国农产品流通的主渠道，过去是，在未来一段时间内也还是。经过多年的发展，农产品批发市场体系已经建立起非常高效的运行体系，交易体量大、运输距离长、交易成本低的成熟的流通体系。未来的农产品批发市场体系建设有以下几点启示：一是抓好重点市场或公益性的监测，发挥政府资金引导作用；二是探索农产品追溯体系建设，整合各部门追溯系统；三是建立市场升级改造后长效管控机制，为农产品质量安全提供硬件保障；四是做好进口冻品集中监管仓运营，落实进口冷冻食品和冷链物流的安全防控。

# 专栏2　农产品批发市场的数字化转型升级调研

## ——基于浙江 WT 农产品批发市场的典型案例研究

农产品批发市场一直是我国连接前端农业生产和后端消费的重要纽带，使得我国分散的小农生产得以有效整合，迅速实现在全国范围内的中转与集散，在保障城市供应、解决农产品卖难、稳定物价、引导农业生产等方面发挥着重要的作用。2019 年，全国农产品批发市场交易总额约 5.68 万亿元，交易总量达 9.73 亿吨，同比增长 6.69%。农产品批发市场确保了农产品实现跨区域的高质量有效供给，这既是我们推动农业供给侧结构性改革的重要内容，也是做好"三农"工作和发展城乡经济的内在要求，对我国加快实现农业现代化，更好实施乡村振兴战略，以及推动经济社会发展，都具有重要意义。

传统农产品批发市场普遍存在布局不合理，区域内重复建设，产生恶性竞争；农产品批发市场基础设施不足，管理混乱，卫生防疫意识薄弱；传统的经营业态与管理方式造成管理效率低下，难以适应居民日益丰富、多元、高品质的消费需求。此外，电商、互联网等新模式、新渠道、新业态的迅速发展不断稀释传统农产品批发市场的市场份额。B2B 与 B2C 生鲜电商公司在经营中选择绕过传统批发市场，如采用产地直供等方式，打破了长久以来由区域性批发市场建立的商业平衡。由于居民线上购买农产品异常火爆，生鲜电商平台发展迅速，居民消费行为出现固化态势。

## 一、数字化手段与工具对农产品批发市场转型升级的重要意义

习近平总书记在中央财经委员会第八次会议上指出，必须把建设现代物流体系作为一项重要战略任务来抓，统筹推进现代物流体系硬件与软件建设，发展流通新技术、新业态、新模式。当前我国农产品批发市场普遍存在基础设施落后、经营结构单一、流通业态与经营模式落后等突出短板问题，与当前中央及各级政府保障粮食及重要农产品供给、强化食品安全及卫生防疫、"六稳"、"六保"等任务要求还有较大差距，与新时期高质量发展的市场需求也存在较大差距。通过数字化的手段可以有效破解农产品批发市场存在的主要问题，助推传统业态模式的转型升级，主要表现为以下几个方面：

一是通过数字化手段强化农产品批发市场对粮食及重要农产品的保障及物资的有效调配。农产品批发市场利用互联网等技术手段对接线上可以产生大数据，大数据对形成价格、传递信息、提供服务、精准营销、食品追溯等可以发挥重要作用，生产端能更加直观地了解市场的总供给、总需求。农产品批发市场成为我国分散小农生产有效中转与集散的重要方式，能够及时进行物资调配，保障区域性的农产品供给。通过大数据平台重构供应链，帮助批发商整合全国甚至国际资源，使整个产业链形成良性循环。

二是通过数字化手段实现农产品的信息管理与可追溯，实现农产品批发市场规范化管理，提升市场的服务和管理效能。利用移动支付、区块链、5G等移动互联网技术实现农产品批发市场的信息采集，优化农产品的可追溯体系建设。有效提高商户对接效率，通过对市场化交易数据、销售数据、客流数据、价格数据、商户数据的采集，达到食品质量安全追溯的目的。疫情过后我国对进口冷冻产品逐步建立起整个供应链条的可追溯体系，实现产品追溯信息的透明化。农产品的非标性、生产分散性等特点成为阻碍

农产品追溯体系建设的重要因素，超过70%的农产品都是从农产品批发市场走向供应链的下游，直至末端消费者，实现农产品在农产品批发市场环节的信息可查对于推进全链条的可追溯能够发挥重要作用。

三是农产品批发市场通过数字化手段与工具提升市场管理效率，延长产业链条，应对行业内外部的竞争冲击。电子结算系统、门禁入场登记系统、商户信息管理系统、仓储管理系统、市场视频监控系统是目前农产品批发市场使用较多的数字化工具，市场设有中央管理平台，相关信息数据会直接进入后台，作为市场管理者分析决策的依据。在农产品批发市场内部进行数字化管理的同时，外部开始利用信息化手段与技术延长农产品批发市场的产业链与供应链，如中央厨房、集配业务、净菜加工等，利用互联网技术提升客户体验与交易效率。

## 二、农产品批发市场数字化转型中存在的问题

尽管目前国内农产品批发市场在数字化转型过程中进行了很多探索与尝试，但数字化管理系统的使用比例仍较低，数字化转型始终处于起步阶段，无法规模化地使用，难以实现行业的规范化与信息化管理。结合当前农产品批发市场转型中出现的问题，实地调研浙江WT市场，该市场是2018年建设完成的新市场，在建设规划之初的目标就是打造数字化的农产品批发市场，在数字化改造方面进行了积极的探索，结合对WT市场的调研，总结了目前制约该市场数字化转型的主要因素。

第一，农产品批发市场商户受自身因素限制，存在一定程度的行为固化，对于数字化工具的使用意愿不强。农产品批发市场的商户普遍年龄偏大，受教育水平不高。据调研数据统计，农产品批发市场从业人员平均年龄在45岁以上，平均受教育年限不超过9年。这些因素使得商户存在行为固化的倾向，习惯了传统的交易模式与市场的利益分配管理模式之后，适应新的方式增加了商户的时间成本与学习成本，使得商户对新的数字化手段存在一定程度的抵触情绪。

第二，现有软件系统无法适应农产品批发市场的实际需要。农产品批

发市场交易量大且交易时间集中，我国农产品的细分种类繁多，包装一直缺乏标准化。目前，农贸市场的数字化系统等的使用相对较为成熟，不少软件公司将农贸市场的数字化系统直接嫁接到农产品批发市场，使得软件开发没有与农产品批发市场的实际业务紧密结合，因而无法使用的情况比比皆是。浙江WT农产品批发市场由于交易过程中多数是整箱、整件交易，不同种类产品的规格、重量不一样，必须在每笔交易中进行系统设置修改，这大大增加了商户的交易时间成本。另外，农产品批发市场的交易时间比较集中，需要在短时间内完成大宗产品交易结算，不便的操作方式进一步促使商户弃用电子结算系统。

第三，市场与商户是物业租赁关系，利益联结不够紧密，造成数字化系统的推行缺乏有效的激励。目前我国大部分农产品批发市场的运营者与商户之间都是物业租赁关系，商户定期向市场缴纳一定数量的租金，市场提供基本的物业管理及卫生防疫等服务。市场无法直接参与到商户的运营与交易中，商户把这些内容作为商业机密，不愿意更多地向市场透露。因此，尽管数字化系统能够有效提升市场的效率，但由于市场对商户缺乏管理权，所以涉及交易环节的数字化系统很难推行，无法真正掌握农产品批发市场的交易量、交易价格等信息。

# 第十章

## 农产品质量安全保障创新发展

# 第一节 农产品标准体系建设

农产品标准化是农产品走向品牌化、提质增效的必然路径。农产品标准化建设包括品种标准化、生产技术标准化、生产管理标准化，将农业生产产前、产中、产后全过程纳入标准化管理，是农产品质量安全规制的重要执法依据，也是支撑和规范农产品生产经营等各环节的重要技术支撑与质量保障。目前，我国在农产品质量安全标准体系方面已经建立起以国家标准为基础，以行业标准和地方标准为主体，以企业标准为补充的四层级标准体系。

中国在农产品质量安全标准体系的制修订方面做了大量的工作，但仍存在许多问题。

第一，农产品质量安全标准的数量明显不够。随着经济生活的不断进步，农业产品的供给极大丰富，农业技术的发展也突飞猛进，但有些农产品未制定质量安全的相关标准，有些已制定的标准也局限于产品的生产技术规程，缺乏产前与产后标准；同时，有关农产品生产技术规范和操作规程的标准数量太少。

第二，农产品质量安全标准的内容交叉重复。中国农产品质量安全标准的制修订存在着主体混乱与管理错位的问题。多头的管理体制，不可避免地带来农业技术标准重叠、交叉甚至相互矛盾的问题。例如，苹果既有国家标准，有农业农村部（原农业部）颁发的无公害食品标准、绿色食品标准、苹果外观等级标准，又有商业部颁布的苹果销售质量标准，还有诸多行业标准，交叉重叠问题突出。

第三，农产品质量安全标准的制修订老化。随着经济、技术和社会的不断发展，农产品质量安全标准也应与农业发展紧密结合，适时地予以调整、修订、补充、淘汰与重新制定。而目前现行的农业国家标准与行业标准中存在着制修订环节多、程序复杂、修订不及时的问题，直接导致许多技术标准的内容相对陈旧。

针对上述问题，要加大农产品质量安全标准的制修订力度，以建立科学、统一、权威的农产品质量安全标准体系为目标，实现现有农产品标准体系与我国优质农业、品牌农业的目标紧密结合，应该采取以下措施。

第一，应尽快完成对现行的农产品国家标准、行业标准、地方标准等的彻底清理，实现农产品质量安全标准的结构优化，取缔与国家法律法规的强制要求不符的标准，淘汰与农业生产操作不适应的过时标准，力争制修订一批农产品质量安全急需的标准，尤其要注重对农产品生产经营等各个环节中有害物质限量及其检测方法的研究，构成更科学、更完善的农产品质量安全标准体系。

第二，在标准制修订的过程中，应坚持科学研究，试验示范先行，以科学的验证和成熟的经验作为实践安全标准的依据，强调各项安全标准的综合配套，对农产品质量安全的标准制修订进行全面整合，逐步形成包括农产品质量安全、生产技术操作规程、农业投入品使用、产地环境要求、农产品标签包装、农产品检验测试等内容的农产品质量安全及其配套的标准体系。

第三，应增强农业标准化的国际合作，充分借鉴吸收发达国家与地区的先进经验和成功模式，提高农产品质量安全标准的规制水平。

# 第二节　农产品认证体系建设

目前，我国已经形成了以无公害农产品、绿色食品、有机食品、地理标志等产品认证为重点，以 HACCP、GAP、GMP 等体系认证为补充的质量安全体系认证制度框架。农产品认证已经不仅是促进农户和其他组织提高生产与管理水平、提高竞争力的可靠方式和重要手段，同时也成为了一个国家从源头上确保农产品质量安全、规范市场行为、指导消费、保护环境和人民生命健康、促进对外贸易的战略性选择，在国家经济建设和社会发展中起着日益重要的作用。

我国农业已进入新的发展阶段，但我国农产品认证体系起步较晚，没能较好地适应当前我国农业发展的现状，主要表现在以下几个方面：①认证制度体系不完善，缺乏系统性和前瞻性。许多源自工业或来自国外的认证仍在不断进入我国农业领域，种类繁多，使生产者和消费者均感到难以选择。②认证配套体系不健全。无论是农产品质量安全认证相关的法律制度体系、标准体系、检测体系、监督管理体系，还是认证的组织机构体系都不完善，制约其功能的发挥。③消费者对认证农产品的认知度、认可度不高，积极购买认证农产品以促进农产品质量安全认证供给的正反馈机制没有形成。④政府干预农产品质量安全认证的方式和手段单一，在法律法规建设、发展政策导向、财政支持和认证农产品生产技术研发推广和教育等方面存在不足，随着农业发展方向与发展目标的不断调整，对于农产品的认证体系建设提出了更高的要求。

农产品认证体系成熟完善能够提升农业发展质量，满足人民高品质农产品消费诉求，农产品认证体系有待进一步优化，主要包括以下几方面的措施。

第一，优化农产品质量安全认证程序，在农产品质量安全认证的程序上，应结合农业生产特点，充分考虑农产品认证时效性较强的特点，改进认证审查形式，优化工作程序和流程，强化各环节相互衔接，提高工作效率，并在审查中强化生产过程的现场检查，降低认证风险，确保农产品认证的有效性。

第二，重新构建农产品质量安全标准体系架构，完善标准体系内容。针对标准体系失衡现象，将现行的国家标准和行业标准统一转化成新的国家标准，把地方标准限于制定某些生产操作规程和地方名特优农产品分等分级标准，按照"统一计划、统一审批、统一编号、统一发布"的原则，充分发挥农业行政部门在农业标准化工作中的主导作用，重新建立起统一权威的农产品质量安全标准体系。

第三，明确质量安全标准的制标目的和调控对象，增加标准的针对性。针对现行农产品质量安全标准层次不清、定位不准确的缺点，尽快明确制标目的和调控对象，增加标准的针对性。对于农产品安全标准，应由国家统一制定和发布，强制执行。

第四，以标志和产品管理为重点，发挥监管体系的整体功能。按照相关配套法规的要求，首先促进企业规范用标，还应注重产地环境及加工环节的检查，加强产地产品的现场检查。

# 第三节　农产品品牌化建设

在当前深入推进农业供给侧结构性改革的背景下，依托农产品质量安全体系构建，对接市场需求和消费需求，补齐农业品牌这一软性"短板"，实施农业品牌化战略，推进农产品品牌建设，是农业现代化的必由之路，也是当前必须加快推进的一项紧迫任务。

实施农产品品牌战略，是顺应市场需求变化和资源禀赋优势，调优产品结构的改革需要；是提升资源要素配置效率和推进三产融合，调新产业结构的改革需要；是着力农业绿色、生态、循环发展，调绿生产方式的改革需要；是实施农业标准化、信息化、品牌化战略，调好质量安全体系的改革需要。

新时期农产品的品牌建设以参与主体为根本，以科技支撑为关键，以特色优势为基础，统合两者的发展与提升，把没有品牌变成有品牌，把有品牌变成大品牌，把大品牌变成强势品牌，进而提升农产品质量安全水平，满足消费转型升级的需求和农业发展转型升级的需求，实现质量兴农目标。未来农产品品牌化发展存在以下几方面的趋势。

（1）科技化是品牌建设的关键，科技含量的高低是农产品间的最大区别，是体现农产品品牌价值的关键，要把科技成果转化为现实的生产力，把现代农业发展的最新成果转化为市场的实际产品，取得经济、社会和生态的最佳效益，达到高产、优质、高效的目的。

（2）信息化是品牌建设的基础，要依托信息体系建设，建立绿色、安全、清洁的生产规程和管理流程，建立基于互联网技术的全程可追溯体系，强化农产品质量安全规范和体系建设，提高农产品质量安全水平，为品牌建设提供必不可少的支撑体系。

（3）标准化也是品牌建设的基础，要更加重视生产的规范化、包装的规格化、流通的有序化和品质的标准化，要更加依赖市场信息调整生产标准和技术规程。

（4）特色化同样是品牌建设的基础，要充分挖掘和发挥农产品自身蕴藏的经济、社会、文化、生态价值，形成市场竞争的独特优势，凸显农产品的独特性，在"特"字上下功夫，使品牌农产品成为现代农业发展的一个标志、中国或区域制造的一个符号。区位优势是品牌建设的依托，在"化"的过程中，每个地方、每个企业、每个产业都可根据自身基础和区域特色选择不尽相同的发展路径，打造出区域自然、地理、人文等复合优势集一体的农业品牌。

# 第四节　农产品质量安全追溯体系建设

农产品质量安全问题产生的根本原因在于信息不对称、责任不可追溯造成的市场失灵。追溯系统被公认为是消除信息不对称、保障食品安全的最有效的方法，发达国家普遍利用其进行农产品质量安全的监管。农产品质量追溯主要借助编码技术和供应链管理手段，打通农产品从生产、物流、仓储到销售环节的产品管理和追踪。

在生产端，遵循 GS1 条码规则，把养殖 RFID 耳标、产品唯一码、产品相关视频监控、图片等信息，做到 24 小时无间断展示农产品流通全过程，实现从土地到餐桌的无缝对接，实现一体化动态实时管理，让消费者亲见农产品生产、加工和运输全程，最终解决食品安全问题。在农产品零售端，采集消费者行为数据，主动监测造假区域以及通过对全流程的监控来挖掘最大化的利润空间。目前，永辉、华联等大型超市已通过二维码技术的应用实现农产品可追溯。

当前我国在各类农产品中引入并建设了一大批质量安全追溯系统，有效提高了农产品的质量安全水平，但在内外部制度环境的约束下仍产生了一系列问题。

（1）信息交换障碍。各类利益集团参与的追溯体系分布于不同产品种类或不同区域间，由于所使用的标识系统、编码系统、信息平台等大不相同，形成了信息交换与共享的障碍，无法实现追溯系统间的互通和整合。

（2）缺乏有效的激励。供应链外部没有创造追溯系统租金溢出的环境，参与追溯系统的主体需要付出更大的成本，却得不到相应收益，缺乏参与积极性，即便被强制参与，也有隐藏或虚报信息的倾向。

（3）重生产，轻流通。农产品具有易腐性，为保证质量安全，供应链上的流通环节必须行使再生产职能。追溯系统对生产环节的质量安全控制无法在流通环节发挥作用，结果导致安全可靠的农产品在流通环节遭受二次污染，消费者仍然会消费到不安全的农产品。

目前，我国相关职能部门或地方政府牵头，已搭建了部分单品或区域性的农产品追溯平台。例如，商务部搭建的肉菜追溯中央平台包括六大管理功能，分别是主体信息管理、流通过程信息管理、试点城市工作考核管理、联动应急管理、统计分析、公共信息管理。

农产品追溯的核心应用内容主要是社会化监督、数字化监管和智能化预警。在农产品追溯公共平台上，农产品追溯不再单纯是政府的问题，而是全社会的问题，通过平台信息共享从而形成合力，打造政府、消费者、产销主体、媒体等社会主体共同监督、关注农产品追溯的氛围，实现农产品追溯监督的社会化。同时，利用物联网技术还可以实现农产品安全问题的智能化预警,一旦达到农产品质量安全风险临界状态,系统会及时自动发布预警,提示相关责任人等,针对提示无效或问题严重者,平台会设定惩罚机制,实现有问题必追究、有责任必惩罚的目标。

2018 年福建省在全省实施《福建省食品安全信息追溯管理办法》,规定对全品类食品进行质量安全追溯,明确了相关主体责任与惩罚措施。按照"源头可溯、去向可追、风险可控、公众参与"的基本要求,以"一品一码"(一个批次产品有唯一的追溯码)为总体思路,构建数据驱动、多方协同的食品安全治理模式。2018 年 6 月"一品一码"食品安全信息追溯管理平台上线,该平台贯穿种植、养殖、生产加工、出入境、流通全过程全链条的追溯管理,并与相关政府部门、企业、协会等现有追溯平台进行联通对接,通过对各环节、各主体的追溯信息进行及时汇聚、核对、清洗、分析等处理,实现上下游关联,打造全程追溯数据链条。实现对食品安全风险的监测、研判和预警,从而构建起福建省食品安全的统一技术支撑平台。截至 2019 年 3 月,后台共采集追溯数据 9300 余万条,4.52 万家的商户主体在省级平台注册,已备案 72.5 万条食品信息,基本构建起了福建省"一品一码"溯源体系。基于平台追溯数据分析结果,相关部门开展了有毒有害农产品、养殖环节非法添加等相关专项整治活动,共查处食品违法案件 556起,有效整肃了市场秩序。

# 第十一章

## 农产品供应链体系中科技创新与应用

新技术的应用为农产品流通体系的创新发展提供了强大的技术支持与保障，移动互联网、物联网、云计算、大数据、GPS 地理位置服务、生物识别等现代信息技术在运输、存储、认证、交易、支付等商务环节的应用不断深化，成为农产品流通体系创新发展的有力支撑和保障。

# 第一节　物联网技术

农产品的质量追溯包括"追踪"和"溯源"两部分，分别对应着"召回"和"确责"，追溯的目标是"人物合一、借物管人"，实现人与物的一一对应，从而掌握农产品全产业链条流经的所有主体。农产品出现食品安全问题时，借助追溯体系"借物管人"的特征，锁定问题农产品的所有流经主体，有针对性地实施准确惩罚，从而使农产品生产流通主体不敢生产销售问题农产品。

物联网是应用于质量追溯中重要的技术手段之一。物联网的技术构成主要包括感知与标识技术、网络与通信技术、计算与服务技术以及管理与支撑技术四大体系，各种信息传感设备利用感知与标识技术按需采集物联网物体的所需信息；依靠网络与通信技术在不同环节、不同主体之间传递各种标识物体的采集信息，在局域网内形成各个主体的信息云；应用层是基于物联网采集的各种信息，利用现代的数据挖掘技术，对海量的异构数据进行智能化处理，服务于企业决策或国家监管。

生产环节是追溯信息采集难度最大的环节。当前我国农业生产规模小，组织化程度低，信息化水平不高，生产农户数量多且分散，科学文化素质不高，生产环节成为最容易产生食品安全问题的环节，也是溯源难度最大的环节。从鲜活农产品营销渠道的第一个环节出发——农户进行数据采集，把农产品生产、加工、农药监测、质量情况、土壤情况、农户相关信息写入电子标签，置于产品表层或内部并录入物联网大数据平台，数据实时更新，为营销渠道的其他环节提供指导。在这一阶段需要生成一个重要的信息，即识别码，通过这个识别码可以精确地定位某个批次的产品。

附带识别码的产品在流通环节中将交易主体、交易时间、交易量及检验检疫等信息通过天线传输于阅读器，阅读器经过解读把信息转换为计算机可以识别的数据，此时中间商对生产、物流、需求等相关数据信息通过网站、微信、微博等终端进行发布，及时满足特定消费者的需求。在这一环节信息采集的方式主要包括二维码、RFID、激光扫码等。

消费环节是实现农产品追溯最关键的一个环节，也是最后一个环节，还是实施终端查询的依据和维权的凭证。构建消费者监测终端，保障消费者的知情权，消费者根据电子产品编码可以了解产品生产、加工、运输等相关信息，保证高质量农产品销售无障碍。同时，批发商、零售商应该建立商品质量安全监测对比系统，消费者通过网络可以清晰掌握要选择的商品信息。

物联网系统通过智能化的食品安全测试仪、条码技术和 RFID 技术，对鲜活农产品各个环节的安全系数进行检查，将相关数据整理发布到食品安全溯源公用服务平台，各级承运商和消费者可以通过平台掌握农产品原材料、生产日期等信息，做到责任到位，安全意识贯穿始终。食品安全溯源公用服务平台包括食品安全溯源、内外信息发布、预警与应急处理、数据访问安全控制、统计报表和数据挖掘、企业信用评级发布、趋势预测分析、设备接入管理等。用户可以通过查询机、手机、PC 等多种客户端进行查询，该系统很好地连接生产、销售、消费等各个环节，保障消费权益。

# 第二节　区块链溯源技术

区块链技术，是集分布式存储、点对点传输、共识机制、加密算法、数据区块等概念于一体的新型技术合集。区块链让人们在互不信任、没有中立中央机构的情况下，能够做到互相协作，简单地说，它与生俱来就是一台创造信任的机器。

在传统的溯源系统中，账本信息主要由各市场参与者零散地记录和存储，彼此可以近似看作是一座座信息孤岛。在这种模式下，能否维护可信的账本就成为了问题的关键，无论是源头企业，抑或是渠道商，还是流转链条上的其他相关人员，当账本信息不利于自己时，拥有者都可以随心所欲地篡改记录，或者直接事后编造。借助区块链技术，能够在各参与机构之间实现信任共享，对商品原材料过程、生产过程、流通过程、营销过程的信息进行整合并写入区块链，实现精细到一物一码的全流程正品追溯。

农产品质量溯源涉及农产品生产、储运、采购、销售、加工等多个环节。应用区块链技术构建的农产品质量溯源系统包括 6 个核心环节，分别是生产、加工、物流、分销、零售及认证。

在生产环节，生产者在种植节点发行所种植作物的资产信息，并生成对应的 RFID 数据标签。此外，对生产管理和信息进行采集，将企业主体备案、农业投入、生产使用、农产品溯源码信息等进行上链，做好信息采集工作。

在加工环节，加工者发行加工的资产信息，并将重要的检验检测项信息、投入品信息等存储至区块链中，并生成对应数据标签附加到成品包装上。

在物流运输过程，物流商节点通过采集管理和信息采集，将物流企业主体备案、运输信息、采集管理和采集信息上链。在产品分销环节，分销商通过信息采集，将企业主体备案、交易信息以及流通过程中的商品信息进行存储，农产品的质量等数据进行上链。

在销售终端，零售商收到农产品时，几乎获得了创建农产品供应链的完整信息，故消费者可在购物时使用扫描设备获取农产品的基本信息，并可通过此设备将反馈信息（如投诉信息、商品的评价信息等）上链。

农产品质量追溯体系的建设离不开监督管理，质检部门等相关监管部门能随机抽查农产品，检查其是否符合相关标准，并将检查结果记录在双方的区块链档案中。并根据农产品生产、加工、物流、分销、零售环节信息和消费者反馈信息，对生产商、物流商等做出相应的调整或奖惩。

# 第三节　射频识别技术（RFID）

RFID 是一种非接触式的自动识别技术，通过射频信号方式进行非接触双向通信，达到自动识别目标对象的目的并获取相关数据信息。它具有无接触式、大容量、快速、高容错、抗干扰、耐腐蚀、安全可靠等优点，不仅识别距离可近可远，而且可同时识读大量 RFID 标签。RFID 成为提高农产品流通效率与监控的基础技术和关键技术，是实现农产品流通数字化的关键技术。

RFID 主要识别 RFID 标签中存储的规范信息，进行数据上传与共享。标签中包含规范而具有互用性的信息，通过无线数据通信网络把它们自动采集到中央信息系统，实现果蔬等商品的识别，进而通过开放性的计算机网络实现信息交换和共享，实现对物品的"透明"管理。目前，RFID 在流通中的应用主要有以下几个方面：

（1）RFID 直接采集多个货物的信息，无须点对点地采集，大幅度提升了农产品的流通效率。当产品进入仓库或离开仓库时，可以通过门上的传感器直接读取相关数据，并存入数据库。通过手持或是架阅读器直接对货品的数量、品名等标签信息进行读取。不但大大节约了人力，提高了工作效率，而且还提高了仓库的空间利用率，提高了盘点效率，降低了仓储成本。

（2）与此同时，通过 RFID，商家可以提前了解产品的库存及销售情况，可以根据库存情况快捷、准确且及时地调整工作计划，提升货物盘点的准确率，可以避免缺货或减少不必要库存积压。

目前，RFID 在使用过程中存在标准不一致、成本较高等问题，阻碍了其在农产品流通领域的大规模使用。现阶段国内缺乏对于标签频率标准的统一与规范，增加了产品高效流通的门槛，尤其是在农产品的流通过程中缺乏统一的标准，使进出仓库等环节中 RFID 的优势难以有效发挥。此外，RFID 作为一个新型的识别技术，对硬件的要求较高，增加了农产品流通行业的成本。普通 RFID 电子标签、产品识别装置、阅读装置、后台的数据处理等都需要较高的基础设施投入。

# 第四节　支付及结算方式的创新发展

以 5G、人工智能、区块链、云计算、大数据、物联网为代表的新技术群落正在加速形成，并通过不同技术之间的"化学反应"，快速提升整个支付行业的技术创新能力。支付科技不断迭代与支付结算需求大规模升级驱动相结合，未来可能诞生更多新的支付结算技术。

目前，我国农产品支付方式越来越多元化，从原有的现金支付等传统支付方式到后期出现的银行汇款、POS 机支付等现代支付方式，互联网技术不断发展，进一步出现了互联网支付、移动支付等新型网络支付方式。未来我国支付方式会伴随 5G、AI 等新型技术的应用，出现更多新的变化，不仅仅是支付方式的变化，应用场景也将更加多元、更加丰富，具体包括以下几个方面：

（1）新一代支付网络将加快形成。随着 5G 的商业应用以及分布式架构技术的不断成熟，连接全球金融机构、用户、商户的新一代全球支付网络将加快形成，能够更加方便、高效、可信地连接全球参与者，并通过大数据支撑的 AI 技术更好地调度网络资源、控制风险，给用户提供更好的服务和体验，支付体系的安全性将得到进一步提升。

（2）生物识别技术的日趋成熟与广泛应用将使账户载体更为多元。与传统的客户身份识别方法相比，生物识别技术具有不易遗忘、防伪性能好、随时随地可用等优点，未来随着各种人机交互技术、可穿戴设备、语音识别、VR、AR 等新型技术的不断成熟，账户载体将更趋多元化，如智能汽车、智能家居等，账户将从现有的松耦合模式进一步向紧耦合模式转变，"人户合一"，从而有效解决身份核验难题，也是满足普惠性需求的重要途径之一。

（3）智能化支付场景将越发普及。在不同的消费场景中，机器学习将帮助快速、准确地定位二维码，有效提升用户扫码支付的体验。客户服务方面，智能客服可以承载几乎所有的客户服务任务，尤其是智能投顾对人工投顾的替代性将不断攀升。在衣食住行医等各个领域，智能化支付将渗透到生活的各个方面。

（4）电子结算技术快速迭代。农产品批发市场是我国进行农产品集散的重要场所，目前大多数市场交易仍采用看货对手交易，市场交易信息不能同步生成，市场价格需要人工统计，才能得到交易品种、交易价格和交易量等信息，造成交易信息不准确，不利于市场的管理、客商的经营决策和国家的宏观调控等。从实用、快捷、高效的角度出发，可使用电子结算系统统一进行结算，建立交易台账数据库，由市场服务管理机构对每笔交易进行统一结算。农产品批发市场电子结算系统的建立，能够为批发市场提供科学、严谨、及时、便捷的结算和公平、安全的交易方式，提供准确、及时的市场交易信息和供求信息，有利于农产品批发市场的规范化管理，充分发挥对农业生产的引导和带动作用，促进我国农产品流通体系创新发展。

# 第十二章

## 对策与建议

双循环发展格局调整的本质是基于国际国内矛盾和中国发展现实做出的长期战略选择。国内循环和国际循环两者相互影响、相互交融、相互促进、相得益彰。农业是国民经济的基础，实现农业现代化必须实现农产品供应链的高质量发展，尤其是在双循环新发展格局下，农产品供应链应该把握重要的战略机遇期，立足国内大循环这一主体，提升国内农产品供应链的发展质量，紧紧围绕构建双循环新格局，持续深耕外贸转型优化，为国内大循环发展提供更多的发展动力，继续做大做强国际国内两个市场。

　　在双循环新发展格局下，阻碍农产品供应链高质量发展的因素主要有以下几个方面：①分散的"小农户"与国内"大市场"缺乏有效衔接；②农产品的自然特征加大了农户分散市场风险的难度；③流通成本高、流通环节多仍是限制我国农产品供应链发展的重要因素；④消费者对于食品安全愈发重视，但健全的监管机制尚未建立；⑤在双循环背景下，农产品进出口贸易的发展趋势尚不明确。为解决以上几方面的研究问题，本书从农产品供应链发展演变、农产品国内市场发展、国内大循环发展格局、双循环背景下农产品进出口贸易及农业海外投资、农产品批发市场及农产品质量安全保障与科技创新等角度开展研究，希望通过对以上问题的深入分析与讨论，提出解决以上问题的政策建议，在双循环发展新格局战略机遇下，促进我国农产品供应链的高质量发展。

## 一、在双循环发展格局下构建农产品现代流通体系

### 1. 加强农产品供应链体系的基础设施投入，建设冷链物流体系

　　建立适应我国国情的冷链物流体系。冷链物流体系规划先行，充分论证实施可行性，避免重复建设或闲置等情况。结合各地方实际情况建立农产品物流骨干网络和冷链物流体系，发展冷链物流新模式，发展第三方冷链物流全程监控平台，补齐"最先一公里"冷链物流"短板"。

2. 数字化技术赋能农产品供应链高质量发展

以大数据、云计算、移动互联网、物联网、5G、区块链、社交媒体智能机器人等为代表的新一代数字技术催生了数字经济的蓬勃发展。现代供应链管理应该与数字技术充分结合，通过数字化技术提高供应链的效能与供应链管理的质量。通过数字技术，实现供应链各主体的实时、透明、关联和可追溯，解决供应链各环节的信息不对称。

3. 做好农产品供应链的布局规划，降低流通成本

在考虑农产品生产集中性与需求平衡性的基础上，根据农产品的品质、地理位置、区域消费能力等因素合理农产品流通布局，尤其是农产品产地市场、集散地市场与销地市场的布局，提高流通效率，提高产地市场集货能力，促进当地农产品的销售，拉动当地农产品商品化率。提高集散地市场在全国农产品流通体系中的中转能力，加快销地市场农产品流通速度。

## 二、创新农产品供应链模式，实现线上线下融合发展

1. 大力发展农产品电子商务

积极创新电商模式，明确细分市场，找准市场定位，不断提升居民消费体验，培育居民农产品网上消费习惯，不断壮大市场规模。农产品电子商务的快速发展倒逼生产端实现标准化生产及分等定级。加强农产品品牌建设，尤其是区域优质农产品品牌建设，互联网为各地优质农产品"走出去"提供了畅通的平台，品牌建设是促进农产品销售的重要手段，有利于提升消费者的认可度。

2. 不断丰富新零售模式，提升生鲜农产品消费体验

支持线上线下融合消费。倡导绿色智能消费，拓展社群营销、直播卖货、云逛街等消费新模式，支持线上办展。鼓励线上企业推广移动"菜篮子"、门店宅配、无接触配送等新项目，引导企业建设共同配送服务中心和智能自提柜相结合的末端配送服务体系。

### 三、提升农产品供应链主体的核心竞争力

1. 发展新型农业经营主体，提升农业生产规模化

充分发挥新型农业经营主体的带头示范作用，引导农业生产实现规模化与规范化。新型农业主体作为农业生产的重要组织，能够积极组织农户进行规模化与规范化种植，提高生产能力与生产质量，作为农户与流通市场的重要媒介，提高农户分散市场风险的能力。新型农业经营主体还可以为农户提供产前、产中及产后服务，提升农业发展质量。

2. 探索农产品批发市场公益性实现形式，实现转型升级

农产品批发市场是我国农产品流通的主渠道，已经建立了完整的农产品批发市场流通体系。公益性农产品批发市场具有保障市场供应、稳定市场价格、促进食品安全、推动绿色环保等公益功能，能够增强宏观调控力与民生保障能力，发挥行业标杆作用。随着信息技术发展，居民消费习惯改变，食品安全意识增强，新业态、新模式对农产品批发市场的冲击加大，农产品批发市场应该借助数字化手段进行转型升级，延长产业链，转变服务模式，增加客户粘性。

3. 鼓励探索农产品供应链新模式和新业态

信息技术的发展为农产品供应链发展提供了新的发展思路与技术路径，诸多新业态、新模式纷纷涌现，农超对接、产地直供、订单农业、社区团购、宅配服务等新业态、新模式不断适应、改变居民的消费模式与消费习惯，为农产品供应链发展提供了新的动力与新的机遇。随着流通链条进一步缩短，服务体验不断优化，供应链管理模式不断被突破，科技发展为农产品供应链发展提供了更多的可能性。

### 四、推动农业"走出去"，充分利用国内国际两个市场

1. 加快培育跨境电商等新业态、新模式，扩展新的经济增长点

支持贸易企业加强自主创新能力建设，形成技术、品牌、标准、质量、

市场渠道和营销网络等新优势。依托大数据、物联网、移动互联网、云计算等新技术，推动服务贸易新模式的发展，加快培育供应链管理、跨境电商、云众包等服务新业态，推动国际服务外包转型升级。依托自贸试验区、服务业扩大综合试点等探索加快服务业自主开放，健全"走出去"的促进体系。

2. 发挥贸易优势，保障粮食安全

进一步夯实"藏粮于地、藏粮于技"战略，促进国内农业生产，实现农业现代化，坚决保障"谷物基本自给，口粮绝对安全"。充分利用国家合作与农产品进出口贸易，适度增加对水果、肉类、水产品等国内居民消费需求量大且供给不足的农产品的进口，满足居民对高品质农产品的需求。

3. 促进中国农业企业"走出去"

鼓励中国农业企业"走出去"，开展对外投资。通过技术改进和更高的生产效率，鼓励中国企业通过对外投资获得对农产品供应链的话语权。中国的"一带一路"倡议也成为中国农业和其他行业"走出去"的主要动力，"一带一路"倡议的六大经济通道是农业贸易、投资、科学合作和人员交流的重点，改革全球贸易体系，促进进出口贸易。

# 参考文献

[1] Chen Q. H. , Zhang L. H. , Wang J. J. Our Country's Agricultural "Going Global" Situation, Problems and Policy Measures [C]. International Economic Cooperation, 2009.

[2] Hong I. H. , Lee Y. T. , Chang P. Y. Socially Optimal and Fund-balanced Advanced Recycling Fees and Subsidies in a Competitive Forward and Reverse Supply Chain [J]. Resources Conservation and Recycling, 2014 (82): 75-85.

[3] Oliveira, Gustavo de L. T. Chinese and Other Foreign Investments in the Brazilian Soybean Complex [R]. Working Paper, BRICS Initiative for Critical Agrarian Studies, 2015.

[4] Shambaugh D. China Goes Global: The Partial Power [M]. New York: Oxford University Press, 2013.

[5] Song H. , Zhang H. Investment for Agriculture in Foreign Countries by Chinese Firms: Characteristics, Barrier and Choice of Government [J]. Issues in Agricultural Economy Issue, 2014 (9): 4-10.

[6] Tsolakis N. K. , Keramydas C. A. , Toka A. K. , et al. Agrifood Supply Chain Management: A Comprehensive Hierarchical Decision-making Framework and a Critical Taxonomy [J]. Biosystems Engineering, 2014, 120 (4): 47-64.

[7] Yang J. , Huang Z. , Zhang X. , et al. The Rapid Rise of Cross-Regional Agricultural Mechanization Services in China [J]. American Journal of Agricultural Economics, 2013, 95 (5): 1245-1251.

［8］安玉发．农产品流通走出困局的思考［N］．经济日报，2013-01-11（15）．

［9］蔡荣．"合作社+农户"模式：交易费用节约与农户增收效应——基于山东省苹果种植农户问卷调查的实证分析［J］．中国农村经济，2011（1）：60-67．

［10］曹倩，邵举平，孙延安．基于改进遗传算法的生鲜农产品多目标配送路径优化［J］．工业工程，2015，18（1）：71-76．

［11］曹武军，张方方．公平关切下考虑农业保险对农产品供应链协调［J］．江苏农业科学，2017，45（7）：298-302．

［12］陈军，但斌．基于降价预期的生鲜农产品定价策略研究［J］．管理工程学报，2011，25（3）：43-47．

［13］陈军，但斌．基于实体损耗控制的生鲜农产品供应链协调［J］．系统工程理论与实践，2009，29（3）：55-62．

［14］陈锡文．当前的农村经济发展形势与任务［J］．农业经济问题，2006（1）：7-11．

［15］陈新．中国与发达国家农业产业化发展之比较［J］．中共福建省委党校学报，2002（3）：11-15．

［16］陈秀兰，章政，张喜才．中国农产品批发市场提档升级的模式与路径研究——基于世界农产品批发市场五大通行原则的经验借鉴［J］．中国流通经济，2019，33（2）：30-37．

［17］崇光，赵宪军，周发明．农产品营销学［M］．北京：高等教育出版社，2010．

［18］古川．农产品公益性批发市场和民营批发市场的机制比较研究［J］．农业技术经济，2015（3）：99-107．

［19］郭晓鸣，廖祖君，付娆．龙头企业带动型、中介组织联动型和合作社一体化三种农业产业化模式的比较——基于制度经济学视角的分析［J］．中国农村经济，2007（4）：40-47．

［20］郝爱民．农业生产性服务业外溢效应和溢出渠道研究［J］．中南

财经政法大学学报，2013（6）：51-59.

[21] 何军，纪月清，吴豪杰. 生鲜食品消费行为模式——超市与农贸市场的比较 [J]. 中国农业大学学报（社会科学版），2005（3）：69-73.

[22] 何秀荣. 公司农场：中国农业微观组织的未来选择？[J]. 中国农村经济，2009（11）：4-16.

[23] 胡鞍钢，王蔚. 从"逆全球化"到"新全球化"：中国角色与世界作用 [J]. 学术界，2017（3）：5-17，322.

[24] 黄建辉，叶飞，林强. 随机产出下考虑资金约束的农产品供应链补贴机制研究 [J]. 管理学报，2017，14（2）：277-285.

[25] 黄建辉，叶飞，周国林. 产出随机及贸易信用下农产品供应链农户决策与政府补偿价值 [J]. 中国管理科学，2018，26（1）：107-117.

[26] 黄祖辉，刘东英. 我国农产品物流体系建设与制度分析 [J]. 农业经济问题，2005（4）：49-53.

[27] 姜增伟. 农超对接：反哺农业的一种好形式 [J]. 求是，2009（23）：38-40.

[28] 蒋东生. 关于培育农民合作社问题的思考 [J]. 管理世界，2004（7）：136-137.

[29] 中央农村工作会议在北京举行习近平李克强作重要讲话 [N]. 人民日报，2013-12-25（1）.

[30] 李谷成，李崇光. 十字路口的农户家庭经营：何去何从 [J]. 经济学家，2012（1）：55-63.

[31] 李群. 批发市场的历史兴起与现代转化 [J]. 人民论坛，2020（28）60-63.

[32] 李志博，米新丽，洪岚等. 软集理论在管理决策中的应用研究——公益性农产品批发市场建设方案选择为例 [J]. 经济问题，2014（5）：98-102.

[33] 厉伟，李志国. 创建农产品经纪人制度与农产品流通 [J]. 中国农村经济，2000（2）：54-57.

［34］林梦楠.生鲜农产品供应链协调性研究［D］.燕山大学硕士学位论文，2015.

［35］林毅夫.照搬西方主流经济理论是行不通的［J］.学习月刊，2017（1）：43-44.

［36］刘超.合理利用适度进口确保中国粮食安全——深入学习习近平总书记系列重要讲话精神［J］.世界农业，2015（4）：166-168.

［37］刘畅，张浩，安玉发.中国食品质量安全薄弱环节、本质原因及关键控制点研究——基于1460个食品质量安全事件的实证分析［J］.农业经济问题，2011（1）：24-31.

［38］刘凤芹.不完全合约与履约障碍——以订单农业为例［J］.经济研究，2003（4）：22-30，92.

［39］刘刚，谢贵勇.交通基础设施、流通组织规模与农产品流通市场分割［J］.北京工商大学学报（社会科学版），2019，34（3）：28-40.

［40］刘雯，安玉发，张浩.加强公益性建设是中国农产品批发市场发展的方向［J］.农村经济，2011（4）：11-14.

［41］刘雯，安玉发.基于功能分解的农产品批发市场经济性质评价研究［J］.经济与管理研究，2010（10）：83-88.

［42］楼栋，孔祥智.新型农业经营主体的多维发展形式和现实观照［J］.改革，2013（2）：65-77.

［43］卢奇，洪涛，张建设.我国特色农产品现代流通渠道特征及优化［J］.中国流通经济，2017（9）：8-15.

［44］罗兴武.低碳视角下城乡双向商贸流通农业物流模式构建［J］.商业时代，2012（3）：21-23.

［45］马士华，林勇.供应链管理［M］.北京：高等教育出版社，2006.

［46］马志刚.我国农业走出去工作进展及对策［EB/OL］.（2016-06-18）.http：//silkroad news.cn/2016/0618/2431.shtml.

［47］梅德平.订单农业的违约风险与履约机制的完善——基于农民合

作经济组织的视角［J］．华中师范大学学报（人文社会科学版），2009
（6）：54-58.

［48］倪洪兴．我国重要农产品产需与进口战略平衡研究［J］．农业经
济问题，2014，35（12）：18-24.

［49］聂腾飞，宇海锁，杜少甫．基于政府补贴的随机产出与需求农产品
供应链优化决策［J］．中国科学技术大学学报，2017，47（3）：267-272.

［50］牛若峰．再论农业产业一体化经营［J］．农业经济问题，1997.
（2）：18-24.

［51］彭科峰，陈章良．保障粮食安全急需农企"走出去"［N］．中国
科学报，2015-01-06（1）.

［52］仇焕广，陈瑞剑，廖绍攀等．中国农业企业"走出去"的现状、
问题与对策［J］．农业经济问题，2013，34（11）：44-50，111.

［53］生秀东．订单农业的契约困境和组织形式的演进［J］．中国农村
经济，2007（12）：37-41，48.

［54］孙静．城乡统筹背景下农村物流运作模式研究［D］．武汉理工大
学博士学位论文，2011.

［55］汪弓，陈杰．大型超市生鲜农产品销售和管理模式的初步研究
［J］．浙江农业科学，2017，58（12）：2275-2278.

［56］王道平，程蕾，李锋．产出不确定的农产品供应链协调问题研究
［J］．控制与决策，2012，27（6）：881-885.

［57］王道平，李昕怡，张博卿．考虑两阶段价格的生鲜农产品供应链
协调研究［J］．工业工程与管理，2016，21（5）：16-22.

［58］王二朋，周应恒．城市消费者对认证蔬菜的信任及其影响因素分
析［J］．农业技术经济，2011（10）：69-77.

［59］王磊，戴更新．利他偏好、福利与供应链 Stackelberg 博弈研究
［J］．中国管理科学，2014，22（s1）：473-478.

［60］王磊，但斌．基于消费者选择行为的生鲜农产品保鲜和定价策略
研究［J］．管理学报，2014，11（3）：449-454.

［61］王晓兵，许迪，侯玲玲，杨军．玉米生产的机械化及机械劳动力替代效应研究——基于省级面板数据的分析［J］．农业技术经济，2016（6）：4-12．

［62］魏勇军．城乡一体化视角下湖南农村商贸流通体系构建研究［D］．湖南农业大学博士学位论文，2014．

［63］吴小丁．我国生鲜农产品流通的中央批发市场制度构想［J］．商业经济与管理，2014（2）：13-21．

［64］肖迪，潘可文．基于收益共享契约的供应链质量控制与协调研究［J］．中国管理科学，2012，20（4）：67-72．

［65］肖勇波，吴鹏，王雅兰．基于顾客选择行为的多质量等级时鲜产品定价策略研究［J］．中国管理科学，2010，18（1）：58-65．

［66］徐柏园．公益性：农产品批发市场性质的正本清源［J］．中国流通经济，2011，25（5）：92-97．

［67］李志博，米新丽．农产品批发市场公益性职能缺失的经济分析［J］．经济问题，2017（1）：110-114．

［68］杨磊，肖小翠，张智勇．需求依赖努力水平的生鲜农产品供应链最优定价策略［J］．系统管理学报，2017，26（1）：142-153．

［69］杨亚，范体军，张磊．新鲜度信息不对称下生鲜农产品供应链协调［J］．中国管理科学，2016，24（12）：113-123．

［70］游军，郑锦荣．农产品供应链研究进展［J］．湖南农业科学，2009（10）：92-102．

［71］于荣，陈枫，唐润．不同决策模式下农产品质量控制策略研究［J］．河海大学学报（哲学社会科学版），2018，20（6）：42-49．

［72］张闯，夏春玉，刘凤芹．农产品批发市场公益性实现方式研究——以北京新发地市场为案例［J］．农业经济问题，2015（1）：93-100．

［73］张德勇．论农产品批发市场的公益性——基于公共财政视角［J］．中国流通经济，2014（7）：11-16．

［74］张利庠，张喜才．外部冲击对我国农产品价格波动的影响研究——

基于农业产业链视角 [J]. 管理世界, 2011 (1): 71-81.

[75] 赵尔烈. 关于实施"国家公益性农产品交易市场工程"的建议 [C]. 第三届中国中部地区商业经济论坛文集, 2009: 137-141.

[76] 赵晓飞, 李崇光. 农产品流通渠道变革: 演进规律、动力机制与发展趋势 [J]. 管理世界, 2012 (3): 87-101.

[77] 郑鹏. 基于农户视角的农产品流通模式研究 [D]. 华中农业大学博士学位论文, 2012.

[78] 生鲜电商行业市场发展如何? [EB/OL]. (2019-12-18) [2020-01-05]. http://www.chinairn.com/news/20190510/1542398.shtml.

[79] 周建军. 全球产业链的重组与应对: 从防风险到补短板 [J]. 学习与探索, 2020 (7): 98-107.

[80] 周立群, 曹利群. 农村经济组织形态的演变与创新——山东省莱阳市农业产业化调查报告 [J]. 经济研究, 2001 (1): 69-75.